殤城後遺

張凱傑 著

我不留白　願你不洗白

「勝利者不停竄改整個歷史，眞相似乎漸漸被世人遺忘。」

這是香港電台《鏗鏘集》之《7.21誰主眞相》的其中一句對白。這一集，披露更多2019年7月21日元朗恐襲的人物關係，包括警方的角色、白衣施襲者的背景、甚至是運載武器的車主身分，節目被譽爲調查報道的典範，亦獲得多個新聞大獎，但卻觸發往後的肅清行動，記者因查冊被捕，香港電台多個節目被叫停和下架，原本屬於香港人的公共廣播，從此變得不一樣。

這一集，這句話，在官方的頻道上，已經消失得無影無蹤。

街頭運動落幕後，有人說，我們正經歷另一場戰爭，是記憶之戰。

2019年反修例運動爆發，那時我是一間報館的記者，主要跟進創科消息，也會撰寫商界名人、企業高層的人物專訪。每當街頭峰煙四起時，我卻出席那間公司的飯局、那個集團的科技峰會，我覺得自己很離地。那時候常常和同事討論，我們可以做甚麼？因爲我們跟很多香港人一樣，都很想爲這座城市

做一點事、出一分力。從兩年前起，街上人潮如流水，不分你我之時，一直就有這本書的想法，希望用我們最擅長的文字，記錄不同聲音的初心，不讓歷史留白。

但運動的澎拜和激昂，還是讓自己按捺不住，在最激烈動盪之時，轉至另一間獨立營運的網媒工作，這次不再離地，走上前線，用文字和鏡頭記錄社會。那時，我覺得自己已經做到當初想做的事，漸漸放下出書的念頭。直至香港出現「禁片年代」，很多紀錄片訴說香港實實在在發生過的事，卻無法在香港上映，甚至全港銷量數一數二的主流大報《蘋果日報》都會被逼結業，26年來萬語千言的新聞報道和珍貴的歷史影像一夜間留白。當下的香港，公司會消失，網站會下架，守住歷史還是有一份意義。

當官方打壓某一種聲音，收編社會的意識形態，甚至強行編寫由官方論述的版本時，這讓我想起一位影評人看過《理大圍城》和《紅磚危城》後的話：「我們必須書寫歷史，必須贏得書寫屬於我們歷史的位置。」

我記得科大學生周梓樂墮樓真相未明時，我曾經連續幾天在將軍澳尚德停車場，尋找目擊者和車Cam片段，最終揭發警方說法有錯，警方翌日改口承認曾兩次進出停車場，也改變了當時的調查方向。即使警員一直供稱閉路電視未能拍攝周梓樂墮樓情況，但死因裁判官還是發現閉路電視拍到黑影墮下的關鍵影像。這不但說明尋找真相的重要，也反映官方的說法不一定是權威和正確。

《殤城後遺》這四個字早在2019年想好，那年發生了很多令人傷心傷痛的事，有人受傷更有人失去生命，這座城市很多核心價值如飛灰般殆盡；事過境遷後，遺下了甚麼？可能是創傷，也可能帶來一點啟示。書中記錄了2019年反修例運動，抗爭者、遇襲者、紀律部隊、社工、教師、紀錄者等不同人物的經歷和想法，甚至是當時社會曾出現的思潮。

　　我知道今日的香港正處於風高浪急之時，公民社會瓦解、白色恐怖瀰漫、民間寒蟬噤聲，撰寫此序時，連我的公司也已經宣告停運。但我相信任何一個社會，尤其是當權者，都必須正視曾發生過的事和人們的想法，哪怕可能被視為犯法的行為，也必須了解其意圖和動機，才能梳理歷史洪流的脈絡，以及制定社會政策。因為「粉飾洗白不僅無法完全掩蓋過去，而且還會成為歷史的一部分。」這是香港M+博物館這樣評鑑艾未未的《洗白》作品。

　　在今日不知明天事，計劃趕不上變化的香港下，我們要把握時間和空間，有話就要好好說。

　　留下載體，讓你我一起見證。

新聞工作者
張凱傑
2022年1月

序二

「眞理必勝」抑或「眞理部必勝」？

某夜凌晨一時許，我睡前用手機在免費相片網站搜尋「Hong Kong」，在海量照片中瞥見一張俯瞰圖，下方可見一段馬路，兩旁豎立著紅磚牆，以及一道又一道凹進牆的鐵門，照片中空無一人。

看見照片之前，我以爲這段記憶已經丟失：我和十幾位同業在馬路上方、應該是照片取景的位置，俯視數名仍罕有在校園內露面的少年。他們循Z字型路線走在馬路之間穿梭，第一道、第二道、第三道門，直至試遍了每道鐵門，確認鐵門無法開啟後，數人繼續前行，消失於衆人視線中。

那是理大圍城第六天，少年行走的路線、行家之間交換的眼神、無人舉機的默契，這些細節我沒有筆錄和攝錄，舊記憶毫無預兆下被抽出，刹那間只聽見自己的心臟猛烈跳動，不知從何而來的恐慌感冒出⋯⋯

你也經歷過這樣的時刻嗎？

《殤城後遺》訴說的明明是他人之事，讀來其實是衆人之事，借青年、社工等人之口，在告訴你我，驚恐、憤怒、迷惘與失落的感覺眞實存在，而我們同屬一個共同體，有同一道瘡疤需要呵護。有人形容，理大一役是反修例運動中的重要分水

嶺，但圍城十多日，城外縱有圍魏救趙的雄心，亦未必完全瞭解城內的戰火與情緒，張凱傑決定借此書，領讀者一窺牆內人所經歷的事。

Photo by Matze Bob on Unsplash

牆外，我城持續半年的示威抗爭中，有一個個未被紀錄的人物，他們的一字一句，在無大台的抗爭下更顯珍貴，他們不在鎂光燈下出沒，但在浪潮中，每人都是獨立個體，各有走上街頭的原因，這批人集合起來成為新聞報道頭版的數字，但數字背後，他們各有故事。而如果他們願意開口，就理應有平台供他們道出所有。

事過境遷，既然有創傷後遺症，為何張仍要一一提起？要迫眾人再撕開結痂？揮筆寫下洋洋萬字，只能算是抗爭行動的其中一塊拼圖，何解必須出版？

近半年來，見證數間本地媒體倒閉，不消片刻，所有網上的報道、相片及影片消失殆盡。此時，我和2021年6月24日凌晨，湧往各處報紙檔和便利店排隊的群眾一樣，渴望手執一紙的實物感，出版物本身亦承載了重要任務，待大家的記憶日漸模糊、大腦失去功能之時，至少仍有一紙真言流傳，讓有發生

過的事情，不至於歷史洪流中沒頂。

　　與張凱傑爲同窗時，見過他在資源緊拙下，力爭出版佔領運動特刊，付印後，他形容爲「完成歷史任務」。至反修例運動稍歇，張擔鋼導演製作《紅磚危城》紀錄片，奪國際認可後未言休，繼續他的「歷史任務」。慶幸與此良友結伴成長，也喜見你仍是當年的赤子。

　　2022年之始，一句「眞理必勝」勾起無數不甘、不願與不捨，但歷史任務實則是衆人之事，若我們未盡保存歷史的責任，在世代交替之後，一是眞理必勝，要不然，就是創造眞相的眞理部必勝。共勉。

新聞工作者
陳倩婷
2022年1月

序三
一堂有血有肉的歷史課

　　當我知道Jacky計劃將與社運有關的採訪文章（包括已刊登和一些未發表的）結集成書，我便毫不猶豫地答應為他寫上一些我的個人感受。

　　準備提筆之時，則遇上國安處再次高調出動，以串謀發布煽動刊物罪拘捕了《立場新聞》媒體的高層人員；隨後，另一香港網絡新聞平台《眾新聞》亦因「無法再毫無擔憂地」報道新聞而宣布停運。這顯示香港媒體工作者發表文章，正面對極大風險。在這風高浪急、傳媒環境極度嚴峻之時，Jacky不顧自己安危仍決定將訪問文章結集出版，實在令我為他的人身安全感到擔憂，但也更加欣賞他的堅持和專業精神。

　　認識Jacky已有十多年的光景。他是我在大學負責一項教育計劃的其中一位舊學員。由於他學習能力極高，故於初中階段便獲取錄到大學修讀該計劃的多個增益課程。除好學、高學習能力外，Jacky也是一位充滿愛心和樂於助人的年青人。讀大學期間，Jacky無論多忙碌也抽時間回來擔任該教育計劃的助教，協助其他年幼學員學習。由於他做事認真可靠，故連續兩年被我聘任為計劃的暑期研究助理，以及擔任朋輩輔導計劃的輔導員。

Jacky自幼富正義感、立志從事新聞及傳訊的工作,故於完成新聞及傳播學位課程後,便投身傳媒行業。我曾因陪母親去醫院覆診、到法院聽審、在大學校園等不同場景,遇上工作中的Jacky。個子不高、文質彬彬的他,在採訪新聞時拼博投入的工作表現,以及那份自信、敬業的樣子,令我留下深刻印象。

此書的訪問篇章,正是Jacky專業工作的成品。他透過人物訪問,以文字記錄了在社會運動期間的一些實況,讓我們了解受訪者為追求公義、民主自由而走上抗爭之旅的心路歷程,以及面對制度暴力而承受身體和精神上的創傷。

讀完本書,讓我領悟到本書的價值。它以文字將香港曾發生的事情記錄下來,為我們上了一堂有血有肉的歷史課。本書的出版,將有助把這段歷史傳承下去,也讓我們更珍惜生命、人權、新聞自由。

衷心感謝Jacky和其他媒體工作人員恪守專業操守,在新聞媒體面對龍捲風式的吹襲下,仍堅持將社會實況記錄下來。你們的堅持,令我對未來心存希望。祝你們工作順利、好人一生平安!

大學講師
陳麗君博士
2022年1月

序四
無名氏

　　每件歷史大事，背後都是有著許許多多小人物共同支撐，你未必知道他們的名字，但這些無私的「無名氏」也值得被歷史銘記。

　　小人物的偉大，正正在於他們的平凡與渺小。
　　望眾人親身經歷的彙集，能寫下記憶，真實記錄。

香港人
佚名
2022年1月

註：這位「無名氏」為文字工作者，在社事最艱難無助時，我們一樣同仇敵愾，互相扶持。他有份撰寫書中遇襲廚師、紀律部隊、勇武抗爭、前線巴和老師的訪問。

目錄

序

理大圍城

煙硝下的小人物

鏡頭紀實

走過的回憶

理大圍城

理大圍城

中信圍困走上勇武
理大圍城游繩逃亡

05.2020

2014年，雨傘運動，他幫手撿垃圾。

2016年，魚蛋衝突，他心想：「使唔使咁暴力？」

　　2019年，反送中運動，他在612民陣集會親歷防暴警察，不斷向中信大廈正離開的人群施放催淚彈。那份憤怒，令他決定走得更前，做通訊兵、做工程兵、也做醫療兵。直至11月，他隻身走入理大支援，落得被圍困的下場，最終要由天橋游繩到公路逃亡，遇上防暴警察，他連人帶義載車被截停，當場被捕。

黃思銘攝

理大圍城

廿餘歲的阿寶（化名）瞞著家人走入理大，失聯之後，朋友透過社交媒體發放他的相片和資料，甚至打算前往不同山頭尋找阿寶，擔心他出現「意外」。最終他被扣留近30小時後，從警署保釋出來。從前爸爸是一位藍絲[1]，如今看見他外出遊行，不忘多說一句「小心點」。

最慘烈的理大圍城，逾千人被圍困圍捕，為反送中運動的重要分水嶺，也帶動區議會選舉翻天覆地的改變，破紀錄逾七成投票率，泛民歷史性取得八成半議席，如同向這場逆權運動明確表態。但公民是否真的覺醒？阿寶認為，真正覺醒的最好時機應是理大一役，因為「咁危急的情況下，如果香港人再做多一點，例如超級大罷工，結局又會不會不同呢？」當然事件已經過去，但在整場抗爭運動留下的歷史教訓是：「如果香港人不覺醒，下場就只有繼續犧牲。」

傷人界線　無法衝破

反送中運動由2019年6月12日掀起序幕，當日網上有號召「大三罷」，即罷課、罷工、罷市，反對立法會二讀修訂《逃犯條例》。大批民眾由早上開始，聚集在金鐘立法會大樓示威區外、政府總部外、添馬公園，以至夏愨道一帶。五年後，2014年佔領運動一幕再現金鐘。不過，警方使用的武力卻截然不同，大大升級，單日施放240發催淚彈、19發橡膠子彈、3發布袋彈、30發海綿彈，更拳打腳踢被捕者，多人受傷，一片凌亂，惹來社會極大反響，運動浪潮自此一觸即發。

1　藍絲：建制派、政府支持者；相反黃絲指民主運動支持者。

19

「最後走到的人，都是滿口粗口地走，一邊罵一邊走。」阿寶早在6月12日，已經現身金鐘參與反送中運動，但他當時也害怕被捕，所以選擇參與民陣在中信大廈對開龍匯道，已獲批不反對通知書的合法集會。直至下午3時許警方清場，他憶述親身經歷防暴警察，不斷向商場門口正在離開的人群發射催淚彈，當刻「好嬲、好嬲」，並由那一刻開始，決定無論自己也好，聯同朋友也好，也要走得更前。

最驚險一次在7月28日，中上環遊行演變成衝突後，大隊決定撤退，他和朋友由德輔道中跑上麥當勞道山上，但都是走不了，很多街坊說前面有防暴，幸好有家長車駛來義載接走他們，差點就出事。直至10月1日中華人民共和國70周年，香港「遍地開花」多區爆發激烈衝突，荃灣更有警員近距離向示威者心口開實彈槍。阿寶當時身在沙田，事後才發現該區最「無事」，沒有甚麼「戰績」，反覺得自己做得未夠好，事後不斷購買裝備，希望在不被捕的情況下做得更多，不知不覺間變成勇武。

就讀理工大學的阿寶，也是教育中心「STEM」教學的兼職導師，有時都會「射波[2]」，瞞天過海走上街頭幫忙。整個暑假兼職賺下來的錢，都用來買物資，原本戶口有六萬多元，如今

黃思銘攝

2　射波：裝病或找理由請假。

長期僅餘萬多元，他笑言都要節衣縮食。他說自己是小隊的「奶媽」，主要會做通訊兵和工程兵，開拓通訊頻道、無線電等新科技，有時也會做醫療兵，出動時帶備醫療包，以防萬一。「你可以想像一下，頭盔、面罩、豬嘴，還有望遠鏡等裝備」，他說對於一個平時只是執筆、不做運動的人來說，是一個很大的負擔，慢慢變成現在跑山也沒甚麼喘氣，每次逃亡對他最大的得著，可能是體能變得更好。但他明言屠龍隊和裝修隊完全與他無關，因為小隊始於無法衝破「傷害人、傷害某些東西」的界線。

「沒裝備的是他，嗌最大聲的是他，不後退的都是他」

這場抗爭風暴在11月演變成大學攻防戰，先有中大二號橋一役，現場撿獲超過二千發彈藥，及後再迎來長達13日的理大圍城，逾千人被圍困圍捕。「這次決定，其實有很多朋友叫我不要去，但眼見班手足被水炮車射都不走時，我下了決心怎樣也要支援。」阿寶在11月17日早上，原本還在家中看著新聞直播，到中午看見水炮車和銳武裝甲車已駛至理大A出口不斷進攻時，決定馬上收拾行裝，隻身趕去理大支援。

傍晚5至6時，他聯同現場一行人走去A出口支援，捱到凌晨12時、1時、2時，走上前線根本分身不暇，其實也顧不了實際時間。當時傳出四方八面有手足前來營救理大，也有人不斷在A出口對開拿著大聲公說「轉個彎就到，200米就到」，他形容整體士氣和軍心很高昂，因為大家都很期待和外面手足會合。

一直高昂，一直捱打，捱捱下就知道，其實外面手足根本無法攻進來。但有位零裝備的手足試圖一個人衝出去以卵擊石，被其他手足和義務急救員勸退，多番拉鋸之後，他終於決定留守防線，拿著盾牌幫手擋著。沒有裝備的是他，嗌得最大聲的又是他，當催淚彈和水炮車射過來的時候，怎樣也不後退的都是他。附近的手足目睹這個畫面，可能也被感動起來，就算站了六小時、八小時，都繼續站下去，因為大家都知道，當時前線其實不夠人，拿著盾牌的就只剩下一兩排。

不過，即使意志多堅定，還是會被催淚水柱磨蝕，畢竟大家都是人一個。面對水炮車一次又一次進擊，他們開始感到心身疲倦，決定撤走一批人，再換上另一批人頂著。到凌晨4至5時，他們的防線開始薄弱，警察就在這時攻入理大。他憶述，理大內的手足收到訊息後，馬上停止手上所有工作，全部也走出來，守著他們的防線。「當時環境是一片凌亂，周地都是手足衣服，周地都是汽油彈，周地都是燃燒彈，因為大家兵荒馬亂，大家的目標很簡單，就是怎樣都要死守，哪怕他們要攻入來。」他形容大家的情緒很激動，捱了個多小時後，氣氛才慢慢平復下來。

攻攻防防一日一夜，黎明再現，但未見出路。11月18日由日間開始，不斷有人策劃逃生路線，爬渠、游繩、跑公路、爬路軌等各種方法都有人嘗試，但成功的機率卻是愈來愈低。當時有一個類似哨兵的通訊頻道，不斷對外散播成功逃走的路線，原意可能是幫助被困者，但路線曝光令警方對應部署，堵截和追捕被困者，大大增加逃走的難度。

　　頻道曾稱有兩人成功爬渠逃走，大家因而掘遍理大的溝渠，不斷「trial and error」，測試溝渠有沒有出口，能不能承受沼氣等問題。有人抓爛臉皮不斷問人，自己身處的位置；有人視死如歸，打算和外面的警察決一死戰；也有人放棄起來。他形容，有人躊躇，有人失落，有人更彷彿已經放棄逃生的念頭，躺在軟墊上用用手機，但旁邊就有人著急地不斷走來走去。這種對比，他說不明白，也不懂形容，「爲何有班人會有放棄的想法，是不是對理大攻防戰已經絕望了？」

游繩逃亡　邊跑邊棄物

　　原先他曾想過衝出去，但愈見愈多衝出去的人，最終都是被捕收場，決定再想想其他方法。因爲和他同行的，還有中學生，他們的共識是，如果有事先讓中學生走，他們這些大學生的「大人」就殿後。到眞正逃生之際，他在A大樓和Z大樓之間奔走，原本打算由A大樓走，因爲傳出外面手足已經很接近理大，有望跟他們會合，但突然又有人說Z大樓成功走到。混

亂之中，他與同行者失散，戲劇性地成爲走不了的一批人。

最終他走到通往Z大樓的天橋上，游繩近10米至橋底公路。他形容橋上的環境如同「動物大遷徙」，非常混亂，有人心急爭先恐後，有人在橋邊猶豫，有人游繩時骨折和磨損受傷，也有人最終卻步。畢竟無經驗、無保護、無心理準備，跳下去的人勇，留下來的人也不失爲過。到他游繩而下時，心裡只想著「橫死掂死，落咗去先算[3]」，因爲他跟同行的人失聯，最後只看見他們衝向Z大樓方向，當時以爲他們已經下去了。

他說，橋上的人有共識讓女生先走，等了一批又一批，最後才輪到男生。到他下去時，防暴警察已經上前推進，他無理會因游繩而磨損的雙手，只顧一邊跑一邊掉棄身上物品，義載家長車只大叫上車、上車，兵慌馬亂間，防暴警察趕到衝過來截停車輛，連人帶車一行多人被捕落網。他估計游繩逃亡一役，有百多人成功逃脫，但也有多人被捕，包括他。

生死關頭，仍然先讓中學生走，先讓女生走？人性或有光。慌亂之時，並肩同行的戰友失散，還是離他而去各自保命？人性或有暗。

藍絲爸爸親睹兒子戴上手扣

在車上被截停一刻，他說「唔識驚[4]」，是呆了，腦海一

3　把心一橫，游繩下去再做打算。
4　唔識驚：不懂得害怕。

片空白。雖然預了自己有被捕的一日，知道入理大後也有可能
會無法走出來，但總是想不到這麼快，敗在這次手上。之後就
開始想如何跟家人和外面的隊友解釋。因為家人並不知道他走
入理大，還以為他到朋友家過夜，到他真正失聯時才察覺可能
出事，但不知道是被捕，還是被消失？

　　他由紅磡被帶到葵涌警署，在臨時等候間，等落口供、等
申請去醫院、等打電話給家人，但警署內只提供一條電話線，
還要等一至兩小時才容許一個人打電話。他就等了24小時或
更多，先聯絡到家人。他說，通話時沒有說太多，免得警察閒
言閒語，只是很簡潔地說「拿保釋金來」，家人聽到後也很淡
定。等了24小時的電話，最終也只有三言兩語。

　　由17日離家到理大，18日游繩被捕，再在警署等了24小
時打電話，失聯兩日多。在失聯期間，他的朋友透過不同社交
媒體發放他的資料，很多朋友、大學同學、甚至中學同學也知
道他失聯，馬上找不同律師幫忙，急急塾支律師費。甚至有一
班朋友打算組隊，在不同山頭找他，擔心他出現「意外」，從
不同渠道支援。他憶述，警署內被捕的人數很多，完成落口供
程序後，約30小時獲保釋放行出來。

　　步出警署已是凌晨時分，不過仍有家人和朋友接他，帶了
衣服給他更換。他說沒怎麼睡覺，不懂得反應，只覺得這是很
突如其來的關懷，因為「我出來的時候已經不知凌晨幾多點，
但仍有一班人守候著我」。但當然，過了一段時間後，大家紛
紛抱怨他走入理大的決定，「畢竟一個人瞞著很多人，不理大
家的勸喻，都堅持要入去，而最終又出事。」

黃思銘攝

　　跟很多家庭一樣，同一屋簷下，彼此的政見未必一樣。阿寶的爸爸是建制藍絲，媽媽和其他家人未至於「藍」，但也擔心他的安全，反對他出外遊行。他說，因為太多人被警察打傷，又有很多傳言說可能有人死，家人擔心的不是他被捕，而是他不見了，最終要在海面或山頭尋找他的屍體。「他們不想我企得太前，於是我騙他們，說我只在後面搬搬東西。」因為今次被捕，現在家人一聽到他說要出去，即使只是和平遊行都一口反對，因為目睹的，還有警方愈來愈過火的行為。

　　可能爸爸親眼見到兒子戴著手扣的樣子，如今每次阿寶出去遊行，都會叫兒子小心一點，不要做太多，比起以前多了一份提醒。但阿寶強調，爸爸的立場依然很鮮明，是一位藍絲。他說明白家人的顧慮，但「我這些忤逆仔當然繼續做我想做的事，最多我打電話回家報平安多一點吧。」

內心傷感抑壓

阿寶以涉嫌暴動被捕，但未有被警方正式落案檢控，他第一次到警署報到時決定「踢保[5]」，不過成功「踢保」，並不代表警方終止調查。既然無法估計自己會否再度被捕，他唯有豁達地說：「今日唔知聽日事，無得擔心咁多，踢咗保就當過去了。」獲釋後，他要應付校內考試，追回大落後的學業，沒有再上班，後來連工作也沒有了。學業可以追回，工作可以再找，但個人情緒卻需要時間復原，因為內心傷感得來又有點抑壓。

「每次出動時都會經過商場，但為何發生這麼多事後，有人以死明志，有人被濫捕，有人失蹤，還有很多屍體發現案，商場內仍有這麼多人吃喝玩樂？為何我要用自己的未來和性命，為你班仆街爭取民主和自由？為何出來的都是學生，不是年長的人？有多少人真正罷工？多間大學出來幫手為何最終失守？為何都沒甚麼成效？抗爭者是不是拿刀通街斬人來達成抗爭手段？我好肯定不是這樣！」這份精神壓力令他最難承受，說到底也是死頂。

被捕的經歷並無令他後退，即使今年元旦遊行，他也有再次出來。不過他說，要有更多事前準備才可再次出動，現在會做「和理非」體驗一下，摸熟警方圍捕的新模式，因為大家都需要因應警察的新戰術和方針，而作出改變。被捕超過六千人

5　踢保：疑犯按警方要求報到後，拒絕再保釋，警方須在48小時內決定是否落案起訴，否則疑犯毋須再到警署報到，但踢保不等於警方終止調查。不少2019年的踢保案件，事隔兩三年後被警方再次拘捕起訴。

27

當中，他承認不少是前線示威者，10月已經開始薄弱，11月後更是傷亡慘重，部分勇武因而退下火線，但不代表不再參與這場運動，而是轉到不同崗位，等待時機再次出來，和大家一同抗爭。他反認為退下火線，未嘗不是一件好事，因為有一班人真的由六月開始，打到現在從未停過手，他們不是超人，也需要休息，養兵十年，往往用在一時。他深信：「當香港人有需要時，前線手足是最義無反顧行出來的人。」

「我在等，香港人覺醒的時候」

回想理大一役，數以萬計民眾去年11月18日營救理大，由紅磡、尖沙咀、佐敦、油麻地、旺角等地，兵分多路試圖「圍魏救趙」，但遭到警方強烈鎮壓，槍彈橫飛，水炮並用，油麻地碧街更出現人踩人慘劇，至少242人被控暴動罪，理大內外，同樣傷亡慘重。阿寶心存感激，包括與他素未謀面的義載家長，最終還因此一同被捕，「原來香港人並非我想像中冷漠，有一班人願意犧牲自己為了幫我們。」

不過，若然做多一步，能否改寫結局？他坦言：「咁危急的情況下，如果香港人這時做多一點，發動超級大罷工，結局又會不會不同？當然事件已經過去，但可能對整場抗爭運動，留下的歷史

張凱傑攝

教訓，卻是如果香港人不覺醒，下場就只有繼續犧牲。」對他

來說，理大圍城是需要覺醒的最好時機，但香港人是否完全覺醒？「可能醒了一點，剩下的就看大家造化。」

2014年雨傘運動，他只有中四，會開始留意政治。當年10月1日，他到了金鐘幫手撿垃圾，但最終港人並無在79日的運動中，成功爭取到真普選。此後他變得政治冷感，也是很多香港人的「傘後鬱悶期」。來到這一刻，他已經是一位大學生。他說，看見政權的虛偽、濫權、不斷損害香港人的利益，無辦法不站出來。由始至終，他只有一個目標，希望香港的管治不再腐敗。

後記：

我先後兩次和阿寶詳細訪問，第一次時，理大還未開戰。那時候，我問他，有沒有說話想跟家人說？他說：「我很明白你們擔心我，我很清楚自己在做甚麼，我不是送頭，我也有心理準備，我知道行動的目的，你們沒有出去都不要緊，但希望你會支持我，希望有一天，你會明白我不是為了自己，我是為了下一代著想。」之後，我們失聯了，阿寶真的被捕了。但願他的家人，聽見兒子的心聲。

「我的受訪者失聯了。」是我那幾天最擔心的事之一，新聞故事可以失去，人命安全卻不可失去。後來，阿寶用另一個方式找我報平安，那一刻，坦白說，如釋重負。因而，我們再次見面。事後回想，一直沒有問到，慌忙一刻，他一邊跑，一邊丟下物品，丟下背包，丟下兼職儲錢而買的望遠鏡，但卻保留了我的卡片，謝謝的，是對我的信任。

理大圍城

學生領袖一夫當關
憶人群低溫抖震焦慮煲煙

11.2020

　　十幾歲青年在房間內，異常亢奮地不停吸煙，三枝五枝一起吸，十幾分鐘無停過。另有青年連續兩三日睡足24小時，意識迷糊，落樓需要別人攙扶。幾個中佬哭著說：「你們班學生究竟想點[1]，我入嚟[2]很想保護你們，但你都要告訴我想點做，我有老婆仔女，我嗰女仲讀緊幼稚園[3]，如果我出去就係衰暴動，入去坐幾年，我老婆仔女點算[4]？」

　　當時只有22歲的理大學生會署理會長胡國泓，見盡圍城內幕幕焦慮、荒涼和徬徨，有時只能啞口無言：「我只係廿幾歲，有咩可以講[5]？」

　　18個莊員，最終只剩下他一人，留守理大圍城。「我又唔係好大隻，可能你會話少一個人，對前線來說沒有實際影響，但我覺得對他們的心理、對大家的士氣都一定有影響。」

1　點：怎樣。
2　入嚟：前來理大。
3　我的女兒還在讀幼稚園
4　點算：怎麼辦？
5　有咩可以講：可以說甚麼？

今時今日學生會或者已經不再是一場運動的領頭人，但他認為始終有象徵意義。

　　不走，因為有種責任。「如果我星期日走了，你星期一瞓唔瞓得著先[6]？真心？」

6　瞓唔瞓得著先：能睡得著嗎？

張凱傑攝

理大校園電台圖片

理大圍城,一年後。

2019年,我在理大見過胡國泓,當日他戴著黑框眼鏡,頭髮有點鬆厚,臉上帶點疲態。當時他講述留守者的情況顯得有口難言,我不希望激發留守者的情緒,決定將部分畫面留在心內。一年之後,再約胡國泓,希望把當日沒有披露的細節敍述出來。那天,他沒有戴眼鏡,剷了頭髮,也好像瘦了一點,判若兩人,彷彿就是要把那段沉重的回憶分割出來。

「其實幾刻意將這段回憶鎖在一邊,不理、不想去提,尤其對著朋友和自己。」

他坦言，最怕和朋友提起這段回憶，因為對方會認定他經歷了很多、很辛苦，而現實是「我在裡面見到比我情況更差的人大有人在，我覺得自己並不是做得特別好，有少少於心有愧。外面有些人和朋友對你有期望，他們覺得你做了一點事，但其實我不太覺得自己做了甚麼。」每當聽到這些說法，他便會頭痛起來，始終覺得過不了自己關口。

莊員一日未回家　他一日未離校

不太外向、不太愛玩、不太社交，他說自己是一個喜歡講規矩的人，於是由內務副會長做起，去年3月至今年2月上莊，擔當學生會幹事。原有會長去年暑假畢業，因此他早已預知自己會接替做署理會長，只是沒有預料去年6月之後一發不可收拾的事，更遑論11月時的圍城惡鬥。崗位在變，社會也在變。

這個轉變，要由2019年6月說起。

「6月至7月是最最最辛苦。」6月9日反修例大遊行，他們知道百萬人的怒吼不會瞬間消失，「有啲嘢要做[7]，但可以做啲咩？我們不斷問自己。借鑑以前學乜學乜[8]的運作？又好似在這個年頭不太work？同一時間，同學對他們有期望。」計劃追不上現實，事情急劇變化，民怨大爆發令整場運動愈走

7　啲嘢：的東西。（原句：想做一番作為）
8　學乜學乜：意指2014年雨傘運動，學聯和學民思潮曾領導運動。

愈深，最終每天就只能夠：「煮到埋嚟就食⁹」。

「其實我們都唔知可以做啲乜¹⁰。」

但他相信任何社會運動，學生會往往佔一席之位，當然今日未必如是。「基本嘢：遊行，帶枝旗，和同學一齊出發，也有開設Telegram頻道，前線和後援都做緊。」但事情真的太多，排山倒海湧過來，唯有照做、硬著頭皮上，回應大家期望。他記得有一日在學生會室，齊集所有系會和附屬組織，整間房都擠滿人，就只是圍插他一人，「插到飛起，無計，你都要硬食¹¹，我又問自己，我有無咩係做漏咗？」

理大學生會在金鐘設置物資站，17個莊員輪流在街上瞓，剩下他一人留守學校大本營，負責協調和支援。莊員一日未返屋企，他一日也在學校。「我很擔心莊員會出咩事¹²，我也估不到明天會發生咩事，日日都話清場，完全唔知點做，但又要符合會員的期望。」直至七月中，他開始發現學生會的身分，已經不再是以前運動的角色時，才慢慢將工作重點轉到幕後。

「我們很想有突破幫到這場運動，但很難，你面對的是政權和政黨。」

9　煮到甚麼就吃甚麼，意指面對不明朗將來，那份不由自主、無可奈何和聽天由命的態度。

10　做啲乜：做甚麼。

11　硬食：硬著頭皮逼不得全部承受。

12　咩事：甚麼事？

理大校園電台圖片

圍城前倒數

科大學生周梓樂之死，激化港人情緒，「香港人報仇」的口號蔓延全港。去年由11月11日起一連多日黎明、破曉、晨曦、曙光、旭日行動，號召全港「大三罷」罷課、罷工、罷市，多區出現堵路、塞鐵等不合作運動，交通命脈紅磡海底隧道、吐露港公路等同遭堵塞，更將警民衝突的戰線，首次帶進大學校園。

談到大學戰，胡國泓說警察最先闖入的不是中大，而是理大。早在11月11日清晨約六時半，就已經有兩粒催淚彈射進校園。他憶述，當時他原本身在校內近尖東橋出口，聽到紅火橋一帶有嘈雜聲後，馬上跑過去，便目睹警察已經闖進校園近

民主牆位置。他記得被警員用長槍指著頭，喝令他離開，15分鐘後，警員再在校園內施放催淚彈。他就知道一切「翻唔到轉頭[13]」。

　　校園成了警察的眼中釘。他指，警察監視校園不是新鮮事，每次港島遊行前後，理大對開的紅隧巴士站一定有60至70名軍裝警員搜車搜袋。去年10月1日，理大每一個出口入更有警員把守，他的莊員出入校園都被要求搜袋。但他始終覺得大學還是一個避風港，直至當刻才突然心寒醒悟，原來沒有地方是必然安全，警察也沒有事情是做不出來。

　　「那條橋我行了四年，四年來給我的回憶很豐富，想起的是和莊員食飯，開心快樂的片段。」那一刻，見證所有事突然間不同，眼前熟悉的景象變成一個戰場，那份反差，很嚇人。同一時間，他不能怕太久，因為知道有些事要做，事實上當時真的還有學生上學，也有非本地生不知所措，作為學生會代表必然要幫他們，後來校方才宣布停課。

　　「其實我們知道黎明行動和紅隧有關，但之後前線示威者轉了模式，即使我們出示學生證也入不了Telegram群組。」

　　「接下來，我不知道，發生何事。」

　　由11月14日開始，水和衣服等物資不斷運入理大，各地留守者也前來理大。「周四很多人，數不到有幾多人，過不過

13　翻唔到轉頭：無法回到從前，覆水難收。

萬？我覺得不出奇，去到邊都人頭湧湧。我會話這是理大圍城真正的第一日。開始話門口要搜袋，也有人在飯堂煮飯。」因為其他地方前來的人，已有一套他們的做法。當晚傳出有女警混進來，有人鎖起飯堂，要逐個搜身才可出去。

　　我問：「邊個[14]搜身？」
　　他答：「大聲啲嗰啲[15]！」

---

14 邊個：誰人？
15 大聲啲嗰啲：大聲說話那些人。

黃思銘攝

最終，當然找不到誰是「鬼」。

因為「捉鬼」令11月15日走了一班人，也開始出現「守不守到」的問題。直至11月16日，校園整個氣氛是最猶豫的，因為大家很雄心壯志走進來，但結果連日來都很平靜，因而又走了一批人。「最大聲音決定走不走，就是那天。」

雖然大家都說無大台，但理大主場的學生會走不走，其實對抗爭者的心理上有影響。當日有人問胡國泓：「一句講晒，你哋係點先？[16]」他當時就說：「我們的定位和角色是，只要你們有人在這裡，我們就會留低，我不會說應該留定應該走。」無大台、兄弟爬山、各有各做的精神是：「我沒辦法綑綁你走或留低，你是同路人就會尊重你。」

人愈來愈少，士氣被日子消磨。

圍城漸起　誰想留下？

前線與後援，勇武與和理非，去還是留，究竟可以行到幾前？是不少人過去一年不斷敲問自己的問題——底線和包袱。

黎明行動開始時，學生會莊員之間曾討論去留。胡國泓說，很清楚莊員可以行到邊，去到11月16日真的很認真討論，大家究竟能承受到甚麼地步？「我有莊員是護士，有案底是做不了護士，如果家中是有負擔的，咁不如在外面幫手，承

16　一句話不轉彎抹角，你們學生會立場如何？有何做法？留守還是撤退？

擔到多啲嘅咪喺入面幫手。[17]」他們18個人，大部分時間都不是在一起，卻在不同地方做著同一件事。

去到11月17日衝突最激烈、圍城漸起時，他還是要打開口牌：「誰想留下？」大家要很快、很直白地作出決定。「當然這個世界不應有人要承擔這件事，如果你承擔不起，走，是一件好事。」

「我不走，因為我覺得，我有這個責任留下來。如果我星期日走了，你星期一睡不睡得著先？真心？如果我決定走，這將會是我人生最最最後悔的決定，這是無辦法彌補的。不論大家這個年頭如何看學生會，或者在一場社會運動中已經不再是領頭人，但我們都有一定角色，這是不能離開的，那個象徵意義會差好遠。」

「我不是好大隻，可能你會話少一個人，對前線來說可能沒有實際的影響，但我覺得對他們的心理影響、對大家的士氣都一定有影響，你是沒有走的理由。」

18個人，剩下自己一個，傷心嗎？「你問我，我一定想他們快點走，你不會想見到身邊的人受到傷害，尤其是我的莊員。因為不單止要承擔走出去被捕的風險，而是留低校園都有很大的心理負擔。」

---

17 能承受更大風險的，就留在理大內幫忙。

落難的人

　　焦急、徬徨、放棄，在圍城內，他見得很多。
　　可能因為「大家都是落難的人，會容易傾偈[18]。」

　　他見過幾個十幾歲的青年，在一房間內看起來很開心，甚至開心得有點過分，「個個都很亢奮，不停食莰、一枝接一枝、幾枝幾枝一起食。」其中一人拿著剪草刀，不斷劈凳，說著「我這把是屠龍刀」、「我要出去打班友」……壓抑的氣氛下，存在著一班異常亢奮的人，其實很恐怖。

　　試過有一次，他在走廊明明聽到有人聲，但一踏進房門，四周頓時肅靜，他放下樽裝水後便離開。另一種人極端地收藏自己，他認識一位原本思維清晰、冷靜的人，但在那幾天睡足24小時，長眠不醒、意識迷糊，落樓都需要別人攙扶，「你話通了幾日頂，瞓足24小時OK，但兩三日都瞓足24小時？」他每次打電話給對方，對方支吾以對，無法回答問題，狀態就是不清醒，反映的是精神上受盡折磨。

　　又有幾個大男人很徬徨地向他說：「你們班學生究竟想點？我入嚟很想保護你們，但你都要告訴我想點做，我有老婆仔女，我個女仲讀緊幼稚園，如果我出到去就係衰暴動，入去坐幾年，我老婆仔女點算？」幾個大男人一邊訴說，一邊流下男兒淚。當刻他不懂回應，為何對方還留在校園？就是為了保護自己。

---

18 傾偈：聊天。

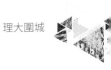

張凱傑攝

　　「我只是廿多歲的人，有咩可以說？」這一次，令他情緒波動起來。

撤退

　　後來，剩下的人都躲起來，不再跟人說話。

　　去到11月23日，圍城第7日也是區選前一個晚上，他決定離開校園。撤退，主要原因是：「可做嘅都做晒了。」他說裡面有水，不吃的話可能都可撐到一個星期，甚至半個月，但心理上會捱不住，愈留得耐，對心理造成的創傷會愈大。剩下的原因，想告訴大家：「裡面沒有人。」

　　由11月11日清晨，見證那兩粒催淚彈，到11月23日黑夜，親歷校園變成荒城。除了試過一次回家拿衣服外，足足兩

星期，沒有回家。或者，理大在他心中已是另一頭家。

97年出世，有兩個家姐，家人不知道他上莊，直至理大出事後，海外親戚轉發新聞時，父母才知道自己的兒子是學生會代表，還要被困校園。幸運的是，家人挺他，為兒子感到自豪。爸爸經歷過文化大革命逃來香港，極權如何打壓、批鬥如何遺禍，爸爸體會很深，還告訴兒子：「你千祈[19]不要走，要同警察鬥長命。」

家人的支持，或許成了冷夜荒校中的一點暖。

踏出校園後，他被帶到紅磡警署，但因為整個星期沒有主糧而胃痛，再被轉送至伊利沙伯醫院。「食了一個星期生命麵包，原來臭格飯[20]是好食的。」當然，這是一個黑色笑話。

創傷

出來才懂得驚。

被困校園時，目睹幕幕精神崩緊、心理受創的人，他沒有心理負擔嗎？他說，豁了出去，做了決定就不要再怕，因為很清楚自己的目標，「你要幫別人時，你就不要怕，就算怕都不要讓人看見，如果連你都怯，你如何說服別人不要驚？這是不可能的。」

---

19 千祈：千萬。
20 臭格飯：警署羈留室的飯。

　　直至出來之後，他用上一兩個月時間沉殿自己，回想當時沒有面對埋在心底的感受，發現出來後才懂得驚：「驚被人拉、驚做錯嘢、做漏嘢……因為已經出來了，自己的決定有沒有害到人？如果成件事做好啲，是否不會造成今天的情況？」很多很多質疑，也讓自己的情緒變得抑鬱。

　　「現在眞眞正正做回一個學生，有意無意地不想揹太多責任上身。」

　　開學後，他找過輔導員，校內有些位置也不敢去。例如Y座地面，因為一走近就想起這個畫面：「我記得那個早上很冷，前一晚有多人中了水炮，當時有十幾二十人披著反光保暖氈，不停抖震……很震撼，很想走，要盡快走，其實我也不太敢赤裸地面對這些回憶，在校園任何一角落都有它的故事。」

　　早幾日，他在邵逸夫體育館考試，試場很靜，望著四周，突然就抽離了，想起當時的畫面，看見周圍都是被鋪，抽離了15分鐘、20分鐘⋯⋯那個飯堂之後再無入過去，因為太多事、太多矛盾在裡面發生。

　　不想回憶，因有些創傷。

校園變了樣　師生難修復

　　圍城之後，校園並沒有得到真正的自由。理大校方在各個出入口加設閘機，限制訪客進出校園。「幾年前我仲爭取緊民主牆可否貼嘢，以為打壓已經很厲害，誰知低處未算低，一步一步沉淪下去。你休息同時，很多嘢跌緊⋯⋯」跌走的，可能是自由、可能是一些核心價值。

　　校園變了樣，一校之長滕錦光在圍城第3日凌晨，終於出現，學生和公眾記在心中。

　　校方和學生之間的裂縫，愈來愈大，今年10月1日校方首次在校內舉行升旗禮，胡國泓感到很不齒，不明一間標榜世界級的大學，為了撥款因而獻眉，這樣升旗就會變成忠黨愛國嗎？「不是說你要去支持我們，而是你對著獻眉的人，正正就是否決大學撥款的人，大學教授的風骨在哪裡？我覺得很羞恥。」

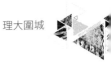

　　退後一步看，其實沒有大學管理層會以逼迫學生為己任，沒有校長希望跟自己的學生過不去，但為何要做出一些在學生眼中不公不快的事？他說，或者未必是當事人所想，而是這個地方、社會、政權，逼使下行出這一步，就像加閘機可能都是一場騷，這樣的香港，很畸型。

　　「或者他是身不由己，但是不是無辜？一定不是。」

　　訪問當日，涼風撲臉，提醒著這是11月的天氣。因為疫情，學校改為網上授課；因為閘機，公眾無法進入校園，校內很少人。其實跟一年前的情景很相似，凋零中帶點荒涼。

　　傷痕很大，很難修復。上莊本應很熱血，認識到一班莊員可能是大學生涯中，最大的收穫。四年來帶給他的回憶，都是豐富和快樂。然而，理大圍城過後，他說，現在剩下的回憶，都是傷痛。

理大圍城

社工執仔相伴
睹有人暈倒有人瑟縮機房

11.2020

　　天光之前是最冷的，夾雜了人性的冷血和未明的將來。去年被圍困理大的社工，成為外間和被困者之間的重要媒介，他們受老師和家長所托，走遍校園「執仔[1]」。記得有一次，社工走到一間機房，入面還有一間小房，幾個年幼男女蹲在渠管下，他們不似大人般收到很多資訊，可以很有組織地走，他們想匿藏到所有事情都過去再出來。

1　執仔：尋找有需要支援的人。

周滿鏗攝

在圍城內可做的事並不多，哪裡安全？要留多久？很多疑問連自己都未能解答，但不說一句的陪伴，或在慌亂之中已發揮很大作用。當日中學校長和老師走進槍彈橫飛的校園時，一個在旁人眼中很衝動的「曳仔[2]」跟老師說：「多謝你無放棄我。」平日學校的曳仔，彷彿這個時候才看見真正的他。

四位社工紅著眼睛，訴說圍城內的回憶，勾起難以撫平的傷痛，呼喚的是人性最基本的關愛。

「和理非拿袋[3]了，我們一陣攻出去，你們好走了」

早在圍城第一日11月17日，社工Angel從不同渠道得知，理大內有很多年紀很小的示威者，部分人可能只是初中生，身為理大校友的她，決定走入校園看看，當日中午便已抵達。她憶述，當時理大校園仍有出有入，她最後一次在下午四五時走進去，不料從此被圍困。衝突大半天，當時不少人走到飯堂用餐補給，她一直留在廚房洗碗，完全不知道外面情況。

她憶述，當時飯堂有很長人龍領取食物，煮食和洗碗也不夠人幫忙。直至傍晚後，傳來所有在理大的人都會被控告暴動的消息，她當刻心存疑惑，畢竟整場運動都從未試過無差別式、不區分人物和行為來處理衝突，「講真裡面乜人都有，老師、職員、教會姨姨……都和我們一起幫手。」

2　曳仔：壞學生。

3　拿袋：拿起背包。

黃思銘攝

　　自知無法離開，更得悉有同工離開校園時被捕，疲倦的身軀叫她繼續留下來。那夜凌晨，她目睹的是一個戰場，有些人雄心壯志地步出校園，卻渾身水炮藍水、紅色傷痕被人抬回來；有些人歇斯底里地大叫，因為看著身邊的手足、認識的朋友被警方拉走了。

　　有位13歲的男生耳朵中彈，Angel把他帶到安全的地方休息和包紮。翌日清晨，被困者商討如何突圍而出，更拋出爬渠的念頭，讓她頓時「O嘴[4]」，作為一個成年人，不願看見他們冒上極大的生命風險，但被困者的心態就是「就算要死，都唔想死在警察手上。」

　　接下來一兩日，她成為外來人和被困者之間一個信任的媒介，不少老師、家長找社工幫忙尋找被困者，她收集外間資訊、親身接觸校長，再將所見所聞告訴被困者。「飯堂攻略」

4　O嘴：目瞪口呆的表情。

有一個好處，因為在校園平台移動的人都是蒙面，唯有在飯堂才會除下口罩進食飲水，這樣她就可以估計對方的年紀，每當遇見夭瘦的、細粒的、沒有食物的，她就會上前。

交托要找的人都找了，還會在校內遊走的人也愈來愈少，似乎是時候要離開了。她被登記個人資料後離開，但那刻有些被困者始終無法聯絡上，步出校園時伴隨的是一絲遺憾。

她記得11月18日，有一班人在飯堂看著電視直播，看見圍城外的民眾試圖突破警方防線，營救理大被困者，喊著說：「來了來了，和理非拿袋了，我們一陣攻出去，你們好走了。」

「他們很勇敢，其實很多人細過[5]自己，為何要這樣救自己？」

「把心一橫躲起來的，你不會找到他」

廚房內還有另一位社工Ben，他同樣在11月17日看見新聞，食過午飯後便前往理大，由下午開始已看見有人被水炮擊中需要沖身，現場氣氛一直緊張。直至傍晚六七時，有人傳短訊告訴他，已經走不了。他說當時沒意識要走，因為沒甚麼可以做到，唯有繼續洗碗在廚房幫忙。

晚上九十時，人們在校園流動，試圖尋找出口，飯堂的人

5　細過：年紀小過。

漸漸減少，或者大家已沒有心情吃喝，女友、媽媽、家姐……一個又一個問他：「咁你而家點好？」家人著急，外面的人比自己急，因為他們不知道裡面的情況，有沒有食物？有沒有水？現在情況如何？一連串的問題，其實他也不知道如何回答。圍城之際，記得的是要跟老闆「攞假[6]」：「我走不了，明天不能上班。」

那一夜，很痛。「大家跑來跑去，有人被捕，有人崩潰，話要救番佢[7]、話要報仇，有人暈了，有人被抬著回來，有人被打中頭部……」他們都很細個，Ben說不下去。

6　攞假：請假。
7　救番佢：救回他。

黃思銘攝

秋日的清晨有點冷，可能夾雜了人性的冷血。太累了，他找了一角有陽光的照射下睡了睡。睡醒之後，他和同工開始「執仔」，問的是「你點啊？在哪裡休息？」他走到一個地方，機房內還有一間小房，入面有幾個年紀很小的男女蹲在渠管下，他們不似大人般收到很多資訊，可以很有渠道和組織地走，他們想匿藏到所有事情都過去再出來。

第一日是有目的；第二日是迷失；第三日是迷失加驚慌，有人把心一橫躲起來，根本不會讓你找到他。「點解要走到咁入？就是很怕被警察找到，又怕記者看不到，不知警察會點對佢哋。」他要問的是：「可以留到幾耐？留到幾時？萬一人愈來愈少，你承不承受到？當被人搜到時，有咩人可以幫你？」他的問題，令渠管下的年輕人開始掙扎。

陪伴、給食物、急救、情緒支援

社工Cindy在11月17日下午走入理大後，沒幾個鐘頭就已經封城了，「自己無擔心，就一定是假的，但外間的擔心，才令我們最掛心。」

有服務對象得知她被圍困校園後，很想盡一分力走上街頭，像其他人一樣「救理大」，但當目睹油麻地人踩人時，很驚、不知所措、以為差一點就要死，哭著打電話給Cindy問可以怎辦？「當刻我會覺得很難受，你要年輕人擔心番你轉頭，佢要冒風險和受傷，這令我最心痛。」

可以去邊？留在哪裡安全？要留多久？有很多疑問，其實

她也不知道，同樣都會驚、都會擔心，但也要裝作無事陪伴其他比自己更年輕的「寶寶」。在圍城內，社工可以做的就是：陪伴、給食物、急救、情緒支援。

曳仔：多謝你無放棄我

外展社工David走入理大其中一個原因，是因為有自己跟進的學生在校園內，學生「心口有個勇字」，對香港抱有想法，繼而責任感上身，有時候令他很擔心。11月17日下午理大校園有出有入，他記得校內有些小朋友，可能只是第一次走到衝突現場，聞到催淚彈味已經受不了，於是先送他們離開，當他再次回到校園後，就已經封城了，再也無法出去。

他遇到最年幼的，只有9歲。他說「留都留低咗，我行得正企得正真係一個社工，不如做番社工的事」，於是當時連口罩也沒有戴上。社總和其他在外面的同工收到很多求助，他們將個案轉介到圍城內的社工，尋找不同被困者，看看有甚麼需要。「其實唔知道可以做啲乜，大家好似都坐埋同一條船，只是我們用僅餘的冷靜去讓他們冷靜。」

他記得當中學校長和老師走進校園帶走學生時，有一個在旁人眼中很衝動的「曳仔」，帶點很像遺言的感覺，跟老師說：「多謝你無放棄我。」其實很難得，平時在學校好像很曳的學生，在這個時候，才看見真正的他。

又有一個年輕人決定跟校長走，但知道David未走，就說「我等你消息，要無事」。即使年輕人離開了校園，間中仍會

傳訊息關心David的情況。

「我覺得好窩心。」

「其實很簡單的,他們打完回來、很頹回來,你畀個擁抱他們;他們跟同伴走失了,不知所措,你陪伴佢。一個擁抱,一個陪伴,其實就已經很足夠。」

慌亂之中,不忘最基本的人情和關愛。

註:本篇四位社工均使用化名。

黃思銘攝

理大圍城

圍城外社工黑夜中尋出路
心存無力、內疚和後悔

11.2020

「我準備爬渠走了，如果收不到我訊息，幫我告訴家人。」絕地逃生，收到一個個爬渠、跳橋的口訊，即使經驗多豐富的社工，當刻也不懂怎麼辦。

理大圍城，被形容為一場人道災難，由基本的生存權利、食水、食物、再到心理戰，整個部署仿如戰爭一樣，需要敲問的是：「為何警方要當一場仗來打？為何一個人要用可能殘廢或死亡的方法逃走？究竟這個政府做緊啲乜[1]？」

一年後，我想梳理不同人當日的經歷和內心掙扎，這篇講述那份痛楚的——是圍城外的人。三位社工紅著眼睛，訴說圍城外的無力、內疚和後悔，城內外的人都不希望對方因為自己犧牲，那天整個香港都很無助。

「我們入唔到去，代表他們要衝出來」

「中大之後，諗住唞一唞[2]就過去，沒想過原來唞一唞就

1　做緊啲乜：在做甚麼？
2　諗住唞一唞：打算休息一下。

已經過不了去……」Jenny是一位資深社工，經常出現在大型公眾活動，提供人道支援，每當警民對峙劍拔弩張之際，她總嘗試調停。去年11月中大爆發衝突後，她趕到現場，不料戰場及後轉至理大。

　　想起理大一役，Jenny紅著眼睛說後悔：「新聞很誇張，入面又真係有很多細路[3]，出面的人很擔心。」當晚同工阿輝駕車載她，不斷兜路，不斷找方法走入理大，就算想爬入去都無路可爬，「很多很多後悔，如果我在入面，件事會不會未必係咁[4]？」

3　細路：小朋友、年輕人。
4　係咁：如此。

張凱傑攝

　　無法闖入圍城，唯有在城外呼喊。她記得11月18日社總在理大對開的尖沙咀百週年紀念花園舉行記者會，得到很多人響應，全部馬路都是人，卽使大批社工齊集，但都無法說服警方讓他們入去。另一班家長坐在封鎖線前，同樣也無法進入校園。社工和家長通通被拒諸門外，圍城內的人卻說著「我們等你」，夾在城牆之間的是無數份焦急。

　　「我們入唔到，代表咩？代表他們（被困者）就要上場，衝出來。他們上場，也代表警方會攻入去。其實很不想發生。」

　　「全世界圍著理大想衝入去，油麻地碧街其實很遠都想衝入去，理性告訴我出面的人係入唔到去。平時我們可以開咪，但打到飛起，我們開不了咪。入面的人很驚恐，出面的人打到飛起，望住呢個狀況，我們都唔知有咩可以做，無力感很強。」

　　兩邊都很難過，整個香港都很無助，大家都不希望對方因為自己犧牲。

　　「我準備爬渠走了，如果你一陣收不到我訊息，幫我告訴家人。」她憶述收到這些留言時，當刻真的不懂怎辦，又有人告訴她卽將要跳橋……理大一役令她想起生死，因為被困者真的覺得自己會死，「為何會用可能殘廢、可能會死的方法逃走？個政府做緊啲乜？」

張凱傑攝

　　這是一場人道災難，如何對待裡面的學生、裡面的人？為何大家會有死的感覺？想死的感覺？基本的生存權利，食水食物都沒有，還會製造很多恐怖，警察在外面挑釁、播歌、心理戰，部署好似戰爭，這才是最過分，為何要當一場仗打？而入面普遍都是年紀較小的學生，逼他們不可以離開，令到整個環境變成戰場，並不是由班細路造成。

　　無人知道救護車是否安全；無人知道幾點之後還有沒有救護車；無人可以幫被困者做決定；畢竟無人經歷過如戰爭般的圍困情況，「點解要咁樣做？為何我要休息那幾小時？每一個不在入面的香港人，都會想如果當時在入面能否保護多啲嘢，件事會否未必係咁？」這份內疚很大。

「像一班野獸，隨時咬人」

去年11月18日，踏入零時零分，是阿輝4歲女兒的生日，也是理大圍城第一個晚上，充滿迷惘、焦急、惶恐的黑夜。女兒生日，但爸爸一臉愁容，女兒問爸爸：「為何不開心？」阿輝不懂得解釋。直至凌晨兩三時，輾轉難睡的阿輝還是按奈不住，由大西北駕車前往理大，和同工Jenny在加士居道一帶，不斷兜路，試圖找出圍城「缺口」。

他找到一條罅縫，看見幾個中學生走出來，當以為他們成功逃出理大之際，原來他們卻是打算爬入理大。為何要走入去？「我的隊友在入面，有咩方法可以入去？」大難當前，他們敲問的是入理大的方法，一心只想救同伴。阿輝說：「我們從來都不會勸退，但會跟他們傾[5]，希望他們每做一件事都有清晰的想法。」

凌晨五六時，速龍攻入理大拘捕數人，示威者投擲汽油彈堵塞出入口，整個校園峰煙四起。身在校外的他們，目睹理大濃煙處處，情況更令人憂心，「我們不知裡面發生咩事，入面同工的電話已經無晒電。」

黑夜覓路不果，他們最終還是無法走進理大。

天光後，阿輝回家和女兒吃早餐，一邊食一邊想起被困者，其實心裡很難受。到晚上，他再次出來，走到尖沙咀百週

5　傾：解說。

年紀念花園，近200位社工在封鎖線前舉起社工證，表明沒有傷害意圖，只想進行人道支援，他形容這晚是社福界最團結的一夜，「如果我不出來，我想我會後悔一世。」

當時也有一班家長很想將水送給圍城內的子女，他記得當時有些防暴警員，不斷敲打身旁的圍板，就像一班野獸，隨時咬人。他心想「做乜啫你[6]」，其實只是很卑微的要求，要成事並不難，但警察根本無將「人道」放在眼內，「要你斷水、斷糧、無法與外界接觸，受盡折磨直至屈服為止。」

一班社工和家長苦苦哀求，換來的還是催淚彈。已經兩日沒睡的他坐在廣場內，反問「唔使下話？[7]」從沒想過衝擊，只盼取得共識，都要換來槍彈驅散，很卑微、很無奈、也很後悔沒有在裡面幫手。

一年過後，今年女兒5歲生日，但當日的難過和傷痛依然，每年這天提醒著他的是，難以磨滅的理大烙印。

「我會承認自己受傷」

「我要支援自己個區，但又知道有同事入了理大，坦白說已經兼顧不了，唔知可以做乜，很徬徨。」Tiffany在11月18日都有出來，試圖走入理大，做開年長人士服務的她，目睹一班爸爸媽媽開傘站在街頭，可能入面有他們的仔女，也可能是

6　做乜啫你：你想要幹甚麼呢？（台語：三小）
7　唔使下話：用不著這樣吧？

心痛年輕人，有時成年人多一點負擔，但當刻他們放下了自己的恐懼，保衛香港的，不止年輕人，而是所有人，這幕令人觸動。

她記得由旺角到尖沙咀，沿路都有很多人，間中就會遇到催淚彈，感覺如同置身戰場。在尖沙咀百週年紀念花園，她形容當時的氣氛，沒有人叫囂、沒有人鬧警察、大家只是等待著、準備著一些未明的號令、舉動和時機，很沉重、很絕望、很壓抑，好像世界已經完結，本著去死的心態，拼了一切豁出去。後來人群和警方從四面八方推進，一邊投擲汽油彈，三邊發射催淚彈，槍聲沒停過。

「我們是多麼的無力，無論是社工、醫護……怎樣的專業，在警察面前，都沒有人道支援這回事。」想起當時的困境，淚水伴隨著她說著：「我會承認自己受傷，這一刻，我不會原諒傷害我的人，但我會學習與創傷共存。」

理大一役對圍城內外的人同樣造成創傷，短短一年時間，很多人的傷口還未能療癒，想起可能會哭、會難過、會心痛，更難抹走當日發生的一切，內心經歷的顫抖，更何況圍城之後，香港的環境未有帶來轉機。Jenny說：「創傷要時間消化，但不會消失。創傷是一世的，但我們可以學習共存。」

註：本篇三位社工均使用化名。

歌手被扣黃大仙警署40小時：
心繫家人只盼報平安

03.2020

「在黃大仙警署扣留近40小時，裡面很多人，起碼拘捕了60至70人，不論年紀和膚色都有。有些年紀很小，只有十幾歲，也有人受傷。那一刻大家都很累，已經沒心情顧慮其他人係點，而我一直很擔心家人。被捕那一刻的畫面，今天仍然記得很清楚，我想這一世也不會忘記。」

理大圍城是反修例運動的重要分水嶺，逾千人被圍困圍捕，數以萬計民眾去年11月18日，兵分多路試圖「圍魏救趙」，但遭到警方強烈鎮壓，出現人踩人慘劇，至少242人被控暴動罪，當中包括樂壇新人莊正。這趟星途很短暫，因為背上暴動罪名後，他決定和唱片公司解約。

為人樂觀又隨遇而安，但他也試過落淚，因為「你係有機會要坐監，唔會ready好，就算現在說ready好，到真係要坐監那一刻，你都唔會咁易接受，你真係完全無晒自由，我覺得唔會ready好。」

包袱，每個人都有。對他而言，這不是偶像包袱，而是失去自由的包袱。

「前途哪裡種著花？」

　　年小有夢，跟很多年輕人一樣，莊正喜歡唱歌，也會參
加大大小小的音樂比賽。七年前，他還是香港知專設計學院的
學生，當時他和朋友組隊，以組合形式參加一個由軒尼詩和
Sony Music主辦的選秀大賽。有別於電視台講求「煽色腥」
的選秀節目，這卻是不少抱有音樂夢的人另一個入行途徑。勝
出比賽後，換來的是機會，可以去不同地方表演。當時莊正其
實還有一年先畢業，但已經獲得唱片公司簽約，不愁畢業後的
去路。他有機會到亞博館，甚至出埠[1]去上海表演，還跟歌手
陳柏宇合唱電影主題曲。他形容那段時間很順利，有很多機會
踏足大舞台，是由心底覺得很開心，因為做到自己想做的事。

1　出埠：到外地。

　　浮浮沉沉數年，去年才正式「單飛」以個人形式出道，更發行第一首個人歌曲《開放世界》。歌詞提到「前途哪裡種著花，沿途會有怪物嗎？大概先要輸過，先有必要轉個方法。平衡性要注重嗎？未怕摔跌終會跌到很慣，一世鍛鍊，我不怕。」今天聽來，談前途、談輸過、談摔跌、談鍛鍊，似乎增添了多一重意義，畢竟和他的經歷不謀而合。但他笑言，那時候其實只想談談他鍾情的網絡遊戲和動漫世界。世事往往巧合，天意總是弄人。

　　星途一帆風順之際，本港自去年6月起爆發反修例風暴，引發回歸以來最大管治危機，也牽動著小城內不同人物的思緒，沒有人可以置身事外，莊正亦不例外。記者問他，是不是一個很留意社會時事的人？他就說自己和很多人一樣，本來不

是特別留意，但「有些事發生令到你無辦法不留意，慢慢留意得愈來愈多。」除了整個社會氣氛外，更重要是政策本身都會直接影響到自己，「你不能無視這些問題，被逼都要去面對，於是看看事情發展成點，有無辦法去為這件事做啲嘢。」尤其經歷2014年雨傘運動後，這幾年都沒有出現過大風波，運動初期的100萬、200萬人大遊行，都是很震撼的畫面，世界各地都無法出現如此誇張的遊行人數。目睹社會上每一幕，他直言：「一定會有自己的想法，很難沒有想法、沒有感覺。」

雖有自己的想法，但娛樂圈牽涉千絲萬縷的既得利益關係，稍有不符合主旋律的言論，都會被人無限上綱上線，招致被封殺的惡果，演藝人往往被視為「離地」的一群。莊正認為，歌手談及時政一定會尷尬和敏感，但就算不是演藝圈，好似國泰員工在Facebook說了一些話，同樣都遭到秋後算帳，只不過演藝圈面向公眾，聚光燈才會特別大。他憶述，當時剛剛推出自己第一首歌，其實都會有所顧慮，因而沒有公開地表態，「因為我表態不只是影響自己，我會影響整間公司，影響其他藝人，我覺得我不應這樣做。」不敢公開表態，唯有身體力行，參與有不反對通知書的遊行。

他說一直都有顧慮，也會恐懼，害怕的是會有生命危險和被捕，尤其港府引用緊急法頒令禁蒙面法後，整個社會的氣氛變得更加嚴峻和緊張。他記得當時家人也會擔心，不忘叮囑他要份外小心，因為大家都知道「如果當時的身分出事，一定會有後果，而這些後果大家都不願見到，然而後來真的出事了……」

那天來臨　不見天日40小時

反修例風暴去年11月演變成大學攻防戰，警方自11月17日起四方八面重重包圍香港理工大學，逾千人被圍困校園內，數以萬計民衆在11月18日，由紅磡、尖沙咀、佐敦、油麻地、旺角等地，試圖兵分多路「圍魏救趙」但不成功，油麻地碧街更出現人踩人慘劇，數百人被捕，被控暴動罪。莊正就在當晚被捕。

被捕那一刻的畫面，至今仍然記得很清楚，他說一世也不會忘記。「首先一定是很恐懼，恐懼到一個點，腦海就會一片空白，之後再檢視自己的情況，想想自己可做甚麼，有咩人會擔心自己。」他說，整個過程沒有想太多自己，因爲很快已經接受被捕的事實，反而擔心不知自己被捕的人，擔心他們會擔心自己。

「很短時間就想起家人會點呢？他們不知道我被捕，有沒有方法讓他們知道呢？又可能會有生命危險，如何保障到自己

理大學生報編委會圖片

呢？」正視這些問題後，慢慢才開始淡定下來。那一刻，想被鏡頭拍攝到自己？還是不想讓人知道？他直言：「很想被人見到，起碼外界知道這個人被捉了。因為實在有太多人自殺，到現在也不知那些人真的自殺，還是被自殺，心裡總會浮起這個疑問。」

莊正被送到黃大仙警署，扣留近40小時。他憶述裡面很多人，單是該警署已拘捕了起碼60至70人，約7至8人困在同一個監倉，不論年紀和膚色都有，有些年紀很小，只有十幾歲，也見到有人受傷。不過那一刻，大家也累了，環境又不是特別好，已經沒有心情顧慮其他人的情況。而他最擔心的始終都是家人，畢竟那40小時無法看見其他人。

唯一想到要做的，就是不停說要打電話，因為都要等頗長時間。他的第一個電話，選擇致電給家人。「他們已經知道我出事，我說找律師，他們說知道了，已經搵緊²，他們很緊張，但聽了我的聲音好像安心了一點，那時候，我純粹想報平安，說無事啊。」

不見天日的40小時，可以做的只有坐和睡，只有「耽時間」等待保釋的來臨。他坦言自己睡得著，因為真的很累，如果不睡又真的沒事做，至於食物「嘢就真係唔好食，但咁長時間又不能一直餓著，所以都一定會吃得下」，基本上就是一些炆汁、火腿和粟米撈在一起的飯，而早餐就有麵包或者三文治。他當時報稱自己教唱歌，警員寫他是音樂導師，因此整個過程也沒有人知道，他其實是一位歌手。

2　搵緊：正在找

　　單是去年11月18日「營救理大」行動，有過千人被捕，其中213人被控在油麻地彌敦道近窩打老道交界、20人被控在尖沙咀厚福街、9人被控在加士居道拔萃女書院外參與暴動。被控暴動罪的242人於去年11月20日提堂，爲反修例運動以來單日最多被告提堂的案件。全港7個裁判法院中，共有6個法庭要晚上開庭處理，包括西九龍、九龍城、觀塘、東區、屯門和粉嶺裁判法院，更有案件至翌日凌晨約1時才完成提訊，打破法庭最晚關門時間。

　　離開警署「臭格」後，莊正被帶到九龍城裁判法院首次提訊。那時候，他終於看見家人，當下笑了出來。他解釋，因爲眞的很長時間沒見到他們，看見他們時好像開心了一點，但事後家人卻斥責他：「你上庭俾人告，仲喺度笑[3]！」回想起來，他也笑了出來。他憶述上庭時，沒有感到特別害怕，當刻

3　仲喺度笑：竟還在笑！

張凱傑攝

只想盡快完成程序。保釋出來之後，第一時間回家，第二第三日再慢慢向公司交代。

關心社會　倒頭來別無選擇

出一首新歌的宣傳期約一至兩個月，他的新歌在7月推出，到11月的時候剛好沒有太多工作，事業上未有即時造成很大影響。不過仔細一想，他覺得始終自己被人告了暴動，不想自己的事影響其他人，今年1月決定向公司提出解約，「因為當時要處理的事實在很多，覺得自己無辦法做一個全職歌手和藝人，不想影響公司和公司藝人，所以就提出解約。但我會繼續做音樂，用獨立的形式繼續做。」

如今被沒收護照，每周要到警署報到，每晚11時至翌日早上7時都要宵禁留在家中。離開警署後，未見尋獲真正的自由，還為他的生活帶來改變。例如無得出街倒數，有時候朋友聚會，下班後晚上7、8時先齊人，但他10時就要走，趕著11時前回家，許多時都要因此提早聚會，影響的不只他一人。雖然生活上有些不便，但因為這個禁令，令他更珍惜和朋友相聚的時光，會知道現在的時間很寶貴，因為隨時隨地的自由已經失去了，若果幾時都見到，可能反而會沒這麼珍惜。

這陣子，和家人關係也更好了，因為「他們會關心我，而我也知道他們關心我」，慶幸的他和家人對社會事件的看法都很相近，這已是十分難得。還有陌生人在Instagram告訴他，自己也有被捕的遭遇，二人因而互相鼓勵。原來在抗爭路上，同路人並不孤單。

他說自己都算樂觀，是一個隨遇而安的人，「有咩嚟到就
嚟啦！」[4]

不過，有時候都會擔心之後上庭的事。記者問他，準備好
了嗎？他坦言：「你係有機會要坐監，唔會ready好，就算現
在說ready好，到真係要坐監那一刻，你都唔會咁易接受，你
真係完全無晒自由，我覺得唔會ready。」就是這個想法，在
生活中不時浮現出來。

那麼有沒有哭過？他說「有掛」，一邊笑一邊說「流眼淚
算不算」？他坦言「這個情緒一定存在，雖說自己樂觀，但有
時也會想不通，也會驚，因為有機會坐監，這是無法想得通，
一想起就會不開心，之後沒事，就這樣不斷loop，未去到件
事完結，都會出現。」

背負暴動罪名，面對有機會身陷囹圄的審判，反而令他對
生活看法有所改變。「有時會想，如果真的坐牢，有甚麼想在
坐牢之前做呢？」如今會更勤力做自己想做的事，創作自己的
音樂，無論最終結果如何，起碼都叫完成了自己想做的事。事
隔3個多月，原本他要在3月4日再次提堂，但因為武漢肺炎疫
情，法院停擺逾一個月，他的案件也遭延期。對他而言，希望
「快啲上庭快啲完，也可快啲完成自己想做的事，之後如何就
如何！」

直至目前這一刻，他認為「沒甚麼好後悔」，因為每件事

4　有甚麼結果就來面對吧！

都有好和不好的一面，雖然他被控告要進入司法程序，但另一方面卻感受到很多人關心他。「要睇你怎看，因爲『後悔』一詞好似講緊所有事都唔應該做、唔想要」，但他認爲「暫時無一樣嘢令我覺得很後悔」。再來一次的話？他強調「不是我去選擇關心這個社會，而是問題放在你面前，你沒辦法不處理。只有兩個選擇，面對或是逃避，但正常人很難完全逃避，因生活上每一樣嘢都有關係，倒頭來其實無得選擇。」

「我實際極怕死，但更害怕沒有自由的空氣。」

「望住煙霧瀰漫嘅街道，日復日走上前探索出路，我信會變好。」

「活著就係爲咗感受可愛事物，但係亦要面對呢個可怕事實。」

「在這刻講再見，怕以後不可再見，親吻後繼續上前，要約定再相見。」

沒有了合約，在審判之前做盡自己想做的事，他親手寫了這首歌《Will (not) see you soon》，可能很快會再見，也可能短時間內不會再見，剖白了他對自身前途的恐懼和心聲。但他說最想告訴大家：「若果自己認爲啱嘅嘢[5]就去做，每一個人也要堅持自己的信念。」

註：截至2022年初，包括莊正在內、多宗11.18理大案件仍排期等候開審。

5　啱嘅嘢：正確的事情。

理大圍城
圍城手記一

18.11.2019

　　「糧食開始不夠，熱食可能去到下午一時，或者都可以勉強撐到兩時。」數百人已經兩日兩夜被圍困在理工大學內，由朝早攻防至晚上，無論體力、意志、精神、物資都不斷消耗，有人仍然盡最後一口氣走上前線看守，有人急著充電看直播與外界聯絡，但更多人已經累得席地而睡，睡不著又或醒過來就刷刷手機，看看那未知未明的去路。

　　入夜後，警方並沒有「仁慈」起來，水炮車警號劃破整個黑夜，校園遠處也能清晰聽見，當我們走近校門出入口時，一個又一個傷者拐著拐著行上來，甚至要被扶著上來，有人渾身染藍、有人睜不開眼、有人身體發抖，眾人急急脫衣脫褲沖洗，那種危急、那種荒亂，大範圍淪為緊急清洗間，一個個身軀呈現著灼傷、紅腫、顫抖，儼如災難現場。愈夜愈多人受傷，前線戰場也愈來愈少人留守。

張凱傑攝

　　「醒喇！醒喇！速龍攻入來了，不要睡了！」他們只不過剛剛入睡，卻被急急叫醒，氣氛緊張，很多人跑、拍醒其他人，然而跑得去邊？暢運路一帶清晨失守，速龍攻入校園，示威者火燒大門擊退速龍，兵行險著，火勢猛烈屢傳爆炸聲，他們也要救火控制火勢，最終阻隔速龍，守得住校園內數百人的性命，但同時也封了自己唯一的去路。這一場火，燒毀了很多，也燒毀了極權政府與人民之間的出路。

　　深夜前，我曾經認為暢運路的示威者沒有必要與尖東橋上的防暴警員對罵，以免換來更多不必要的傷害，尤其前線警員情緒管理極差，極容易情緒失控。但後來我想，如果不是他們一整夜在外面頑強抵抗，天光並不會這麼快來到。

張凱傑攝

　　天光了，事情並未有帶來轉機。「我們還要留守多久？
為甚麼要在這裡等死？」數百人早上嘗試沿科學館道第一次突
圍，一度走出至歷史博物館位置，但換來的卻是連環不絕的催
淚彈，濃烈程度令人後退，部分人亡命逃跑至紅隧一帶，但又
有人折返逃亡，警方更在紅館高位高處發射多枚催淚彈，整條
紅隧九龍入口煙霧彌漫，逃亡者再度被困，根本無路可走，最
終要敲破玻璃爬入校園，突圍失敗。

　　突圍失敗，自然士氣低落，等待的，是下一次機會。「和
理非去到漆咸道南，距離我們只有200米，行喇行喇，我們要
衝出去！」消息傳來，飯堂裡一臉疲態的人，馬上收拾裝備，
眾人高呼「返屋企、返屋企」、「出咗去就唔好返嚟！」爬過
樓梯、爬過牆壁，再次走上暢運路，隨即迎來多枚催淚彈。

　　有人害怕，再次爬入理大校園內，但也有人堅決要衝出
去，爬過圍欄爬上天橋，傘陣再現很想走出去，但無論前方柯
士甸道、漆咸道南、左方科學館道等四方八都連環發射催淚
彈，橋上的人左閃右避不斷捱打，但他們仍博一博試圖走向康
宏廣場，但當時四方八面連環發射催淚彈、橡膠子彈、海錦
彈、胡椒球彈，足足數分鐘從未停過，我和幾個在草叢的行
家，幾乎180度拗身趴下，子彈不斷橫飛再反彈和反彈，有人
中彈受傷，有人上前拖走，其實明知他們受傷、救人、沒有施
襲，但都不斷直射他們，他們不斷中彈，他們就是活活的人肉
標靶。大批防暴不知何時已經四方八面包圍制服和拘捕。這是
第三次突圍，傷亡慘重。

　　重返校園，一片愁雲慘霧。有人控訴：「說好的和理非在哪裡？」有人灑淚安慰，有人痛哭、痛哭和痛哭。在休息位置一帶，氣氛低落，多人受傷，當臉上和身體的紅腫灼傷，成為他們的標記時，這就是一場人道災難。這一幕究竟有多難過？不要忘記，整個理大毒霧彌漫，遍布二噁英、山埃等有毒物質，圍困受污染的地方跟禁室放毒氣並無分別。為何他們要經歷這些？為何我們要承受這些？

圍城手記二

17.12.2019

　　「使唔使咁多梘液啊[1]？！」兩名在理大抗爭飯堂協助清潔和整理物資的教會或中學教職員笑著對話。我們對望，但我沒有太大表情，因為他們未必知道這批梘液並非用作長期留宿，而是梘液的鹼性或可緩和催淚胡椒水炮帶來的刺痛，也許他們未意識到連日化武造成的傷害，也沒有目睹遍地受傷急忙沖身的場景，此情此景這番話我覺得有點「離地」，但我沒有怪他們，畢竟在惡臭四起、蛆蟲橫生的時候，他們仍然選擇越過重重關卡前來支援，做得幾多得幾多，這些人還是要感謝。

1　用不用這麼多洗髮液？

張凱傑攝

　　沒有裝甲，沒有黑衣，頭髮濕濕的他坐在一旁，一身就如夏令營又或家中睡覺的便裝，連日來先第一次洗澡。我問他「因咩事喺度？」他說「我說我係和理非你都唔信啦！」我再問「愈來愈多人走，咁你點？」他說「其實都好嘅，佢哋太細個喇，佢哋走先都好嘅……」[2] 其實他也只不過是二十多歲，危難當前，被困多日，前路茫茫，為何還要為他人設想？我曾問過一位宗教領袖，所謂的「和平」解決方法是否就只有自首和投降，他說不知道，想不到有其他方式讓被困者平安離開。甚麼時候，我們的出路就只有投降和放棄？香港人會無路行。

　　剩下的人一日比一日少，曾經出現的黑影人影，幾天後都不見了，是搬走了，是逃脫了，還是被活擒了？我去了很多地方，有房間傳出人聲，但我走入去卻看不見有人，原來是電視機的聲音，那時候還播著《全民造星》，一個談追夢談發夢的節目；另一個底層掘頭路，天花板的揚聲器傳出竊竊雜聲，是電台？是對講機？還是求救訊號？我聽不清楚；停車場有車輛打開油門，地上遺下一罐罐油桶，猶如走進百慕達三角，究竟消失了的人在哪裡？當時到底發生甚麼事？情況有多危急？這仍是一個謎。

　　你無法想像大量課室、樓梯轉角、走廊小巷都有龐大人文流動過的痕跡，由充滿人氣到渺無人煙，由意志高昂到落魄荒涼，由希望最後變成失望。置身這個平行時空，誰不會胡思亂想？

2　意指當時在社會各界斡旋下，警方其後容許理大內未成年人士，可登記個人資料後離開，但保留追究權利。這位沒有離開的被困者覺得不是壞事，部分人始終年紀太小，他們有方法可離開理大也是好事。

張凱傑攝

　　長夜漫漫，猜疑最難熬。剩下的人寥寥可數，卻反襯出更多身分不明的人半夜不斷找人，你說是不是有「鬼」？信任的猜疑、鬥志的磨滅、荒涼的落差、無法齊上齊落的慚愧、營救理大而被捕的內疚，成了他們一道又一道的傷痕。走還是不走，就是在口中五根煙和止痛藥之間盤旋。其實無人不想走，只是看不見離開的出口。

　　天光之前最寒冷，我在「災難營」睡著了，醒來發現有人為我蓋上被子，我的天，逃亡之中，為何還分享愛？姓甚名誰不知道，就像這場運動一樣，沒有大台，人人都是抗爭者，讓我感受到這片荒涼之境僅存的溫度。置身荒誕混沌的世界中，但願我們不要忘記溫柔。

　　城內的人想走出去，城外的人想走進來；城內的人渴望自由，城外的人卻要牢牢操控，理大圍城正是今日香港，這才是最悲情。

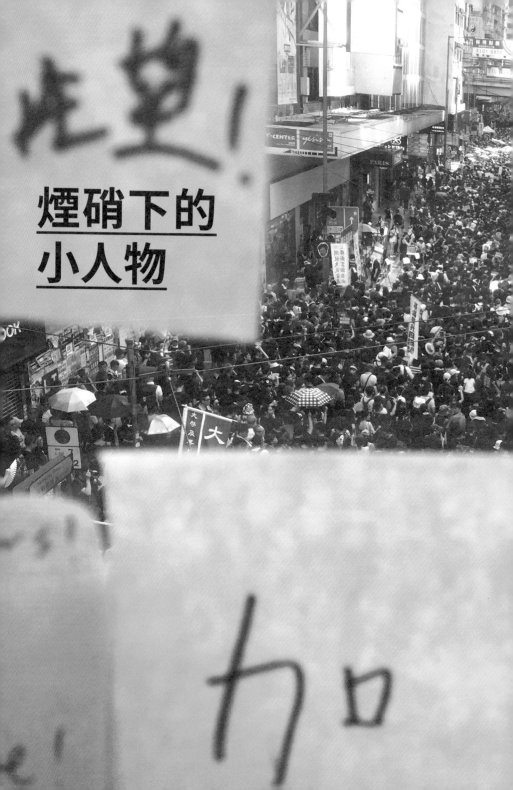

逃望！

煙硝下的
小人物

煙硝下的小人物

6.12圍困中信匯停車場逃生
傳理女生變火魔

07.2020

　　六月之前，她只是一位很平凡的女生，傳理系畢業，走進中資公司工作，初入行都有萬六、萬七元月薪。6.12之後，她懂得弄汽油彈。6.12的裂縫之間，她經歷了圍困中信、躲入停車場逃亡、親目女孩相擁失措痛哭、最後被要求舉高雙手敗

走。人海滿布變成一片狼藉，令她敲問的是「點解[1]可以咁無人性？」

2019年6月12日，為反送中運動的重要爆發點。由6月9日歷史性103萬人上街，反對修訂《逃犯條例》，換來政府表明恢復立法會二讀，觸發6月12日大三罷號召阻止條例通過。由上午開始，數以萬計民眾包圍政府總部及立法會一帶，下午3時許警方武力清場，施放240發催淚彈、19發橡膠子彈、3發布袋彈、30發海綿彈，更拳打腳踢被捕者，多人受傷，引來社會極大迴響，運動浪潮一發不可收拾。隨後6月16日，本港再一次出現歷史性200萬人上街反惡法，還有反警暴。

1　點解：為何。

周滿鏗攝

6月12日，天氣晴，有幾陣驟雨。

　　阿Sa連同友人一行三人，早上7時許抵達金鐘，但一大早的添馬公園、龍和道一帶，已布滿人群，或許更多的人前一晚已經徹夜留守。他們一開始留在草地，因為「前面已經堆滿人，成條路都係人」，偶爾出現零星衝突，氣氛會緊張少少，防暴警員衝上前，噴過胡椒噴劑，也有人掉雜物、推鐵馬圍欄，但整體來說尚算和平。監警會報告引述警方估計，單是上午10時，政府總部一帶約有4.6萬人聚集。

　　平靜的氣氛讓他們中午12時，還有「閒情逸致」離開立法會和政府總部一帶，到金鐘附近食飯，但回來的時候已變得更加擠逼，因為人愈來愈多。由於友人父親在場，大家的共識

都希望和平，於是參與民陣在龍匯道舉行的集會，那時候集會大台有新聞直播，他們主要就是：坐、hea[2]、看新聞，有種志在參與的感覺。而她另一位朋友也到場，變成四人行。

現場一直都很和平，直至下午3時氣氛開始變得緊張。由6月9日百萬人上街，到6月12日數萬人包圍立法會，人數很多，力量很大，不變的是，始終無法撼動政府回應市民的訴求。示威者設下「死線」要求下午3時前撤回修訂《逃犯條例》草案，否則行動升級。結果，城內每一個人眼白白看著一場衝突和傷害發生，這可能叫作「共業」。

根據監警會報告指，立法會大樓公眾入口的警員在下午3時46分至48分間施放催淚彈；而添華道警員亦在下午3時47分向夏愨道施放催淚彈。

身在龍匯道集會的阿Sa目睹，在俗稱「煲底[3]」的立法會示威區最先出現催淚煙，再湧向立法會道迴旋處，旁邊正是龍匯道，集會的人不斷後退，慢慢更變成「前線」，因為龍匯道另一邊盡頭連接演藝道，正是另一批警員的防線，警民之間只剩下三、四行，根本無路可退。龍匯道變得愈來愈擠迫，面向演藝道的人群也舉起雨傘，「原本警員都無乜嘢[4]，但可能因為人多開始戒備起來」，集會主持開咪表明龍匯道有不反對通知書，不斷叫人入來，一直叫，一直叫⋯⋯

2　hea：行行企企，無所事事。

3　煲底：外貌像飯煲底的立法會示威區。

4　無乜嘢：沒有做甚麼。

周滿鏗攝

　　大約10分鐘後，龍匯道無論立法會道或演藝道方向都出現催淚煙。她憶述，可能過程中零星有人掉水樽，但不明警方為何要前後夾攻放催淚煙，因為只是一條直路。她身處的背後是停車場和地盤，即是無路走，大部分人唯有湧向前方的中信大廈，但馬路和行人路中間還有一道鐵欄。那時候，不少人穿著牛仔褲、短褲、就連裙都有，她目睹有些人根本不方便或個子不高，無法跨過鐵欄，於是身型較高的她成功跨欄後，也連忙扶了幾名女生爬欄，先繼續逃走。

　　混亂間，四人失散起來，各自分成兩人行，但當務之急已經不是會合。她形容當時煙霧彌漫，絕大部分人都沒有「豬嘴」防毒面罩，就只有普通外科或布口罩，根本無法抵擋催淚煙。她曾嘗試走近中信大廈，但整個門口已經擠滿人。

　　槍聲不斷，集會主持不斷強調有不反對通知書，是和平集會，並沒有任何衝突，促請警方冷靜，但都無用。「槍聲是嘭嘭嘭嘭，親眼看著很多條線跌在地上，最近一個催淚彈落在

我數十厘米外。」最終大台主持也「頂唔順[5]」，一邊說一邊咳，叫到一半，不得不掉下咪落荒而逃。

下午4時許，人們繼續逃亡，有人高呼：「快啲開門，走啊！」原來中信大門鎖上打不開，人群塞住，動彈不得。從中信大廈閉路電視顯示，最初只有一道玻璃門能進出大廈。「大煙到根本咩都睇唔到[6]，與其在門口等死、焗死、等前面班警察衝過來，不如我冒險少少向前跑博一博？」阿Sa當時唯一的想法就只有「兜路行」，煙霧瀰漫下，眼淚和鼻水並流，一邊淋礦泉水，一邊奔走，從槍林之中走到中信大廈停車場地庫。

當時停車場內已有10至20人，她看見兩名女孩相擁哭泣，可能她們很驚、很害怕，也可能因為終於找到地方安頓下來，那一刻如釋重負爆發出來。她說，當刻大部分人的心態都是先找個地方稍為緩和逃亡的心情，自己也有種「驚完僥倖自己無事」的感覺。畢竟她逃至停車場前，中信大廈外、龍匯道一帶還有數以百人，身陷白煙之中。

稍作安頓後，她致電失散的朋友，得知對方已在商場內尚算安全，大家都同意繼續各自尋路離開。逗留約半小時後，停車場內約有30至40人，但催淚煙開始由入口湧進來，加上停車場通風差，有人亦認為此地不宜久留，於是他們經後樓梯走入中信大廈商場內。

5　頂唔順：承受不了。
6　睇唔到：看不到。

周滿鏗攝

　　根據監警會報告及多段新聞直播片段顯示，下午4時09分至14分，龍匯道的不同位置，無論是立法會道的迴旋處，或演藝道交界，還是中信大廈正門入口，連同中信大廈停車場對出的添美道，通通都有催淚煙，部分催淚彈更擊落在中信大廈正門外的人群當中。

　　5分鐘，一段路，槍聲不斷，白煙四起，活活籠罩數百上千人。

「可不可以給我水？」

　　阿Sa走入商場後，一直沿電梯走上高位，基本上每一層都有人停留，大部分店舖已經提早關門，唯一還有咖啡店Starbucks開門，「當時好似還有一兩名客人，或者其實是集會人士，都分不清了⋯⋯」門面只有一位店員，她問對方能否給一些水，對方很樂意將水倒給她，也倒給大家，「他知道你

要沖眼，不會給你熱水或凍水，而是特意替你調教溫水，其實是很貼心。」

那時候，示威者未有「裝修[7]」Starbucks；美心太子女伍淑清也未有連番出言，批評年輕人受外部勢力蠱惑、被社交媒體洗腦、表明要放棄年輕人。

經歷完一場逃亡，此刻終於平靜下來。阿Sa靠在商場窗邊，從高位往下望向立法會道迴旋處，不禁哭了出來，這次不是因爲催淚煙，而是由一條布滿密密人群的路，現在只剩下一地垃圾，那份荒涼。「棄掉咁多物資，走的時候究竟有多倉促？點解可以咁殘忍？點解可以咁無人性？我喊，不是因爲我驚，而是原來你哋眞係無人性，要逼到香港人去到咩境地？」

7　裝修：在運動期間，裝修意指破壞一些惡意抨擊示威者、支持政府、中資背景的店舖。

受訪者提供

「好像去了勞改」

她在商場上上落落兩三次，逗留在中信的人也愈來愈少。警方其後進入大廈「洗樓」驅趕市民，她經中信橋往夏慤道方向離開。「一出天橋，好像去了勞改，左右兩邊各有兩排防暴警員，要求市民一個個舉起雙手離開。」拿著頭盔或盾牌的人，被警員喝令放低：「仲拎住嚟做咩？攬住過世？」[8]甚至舉槍指嚇。阿Sa身上沒有這些「違禁品」，但那刻也感到委屈，因為「呢班人憑咩喺度呼呼喝喝？」[9]。

最終她經中信橋行到夏慤花園，決家找路回家，畢竟自己都有受驚，沒想過今天會變成這樣。原先大三罷，就是希望能堵塞道路和出入口，讓立法會無法開會，那時候人群眾多，不相信警方會做出甚麼，豈料會開槍……原來真的少看他們，如此沒人性。

那天，她和爸爸吵了一場架。

她走到警察總部附近時，曾致電過媽媽，提及遇到很多催淚彈。回家後，母親關心的，都是女兒有沒有受傷。但爸爸卻說了一些話，有少少「抵你死[10]、你係要同強權鬥、係自己蝕底[11]」的感覺。沒人明白的落難逃跑，沒人知道吸毒煙的痛苦，換來的是「抵死」一句。

---

8 還拿著頭盔或盾牌做甚麼？想拿著過一世嗎？
9 這班警察憑甚麼呼喝責罵我們？
10 抵你死：活該。
11 蝕底：吃虧。

「我覺得好難聽。」

「我身體有沒有受傷不重要，更重要是你們知道我做的事是對的。」

「其實你們一早就應該要站出來，而不是我們這一代和下一代做這些事，回家後還要給你指指點點，其實你沒有資格話我。」

一家六口，有四姊妹，她排第三。她說全家都「黃[12]」，不滿警暴多於政府問題。

媽媽很少上街，爸爸卻很反叛。黃雨衣人梁凌杰——首位示威者死諫後，爸爸帶阿Sa到旺角花墟買白花悼念，心底裡還想一同遊行。但父親有長期病患，做過兩次「通波仔[13]」手術，阿Sa說：「我叫他在金鐘下車，盡個心意就好了。」

反叛的爸爸還是會偷偷獨個參與集會，有次警方向遮打花園放了催淚彈，嚇得她和媽媽一頓。禁蒙法生效當晚，爸爸特意走到藥房買了兩盒口罩，其實沒有對政權做了甚麼，但就是有些行為很想表達不滿。

爸爸經常看新聞，每當阿Sa出動時，都會叮囑女兒「小心啲、而家啲警察痴線㗎。」[14]爸爸訴說共產黨的陰招，女兒

---

12 黃：意指黃絲，即民主運動支持者；相反藍絲是建制派、政府支持者。
13 通波仔：心臟血管手術。
14 現在的警察發瘋似的。

就告訴他街頭上如何實戰。爸媽更是阿Sa的私人哨兵，告訴她哪裡出事、哪裡危險。

　　大姊，男朋友當差，二人常因社會事件而吵架，大姊有一段時間選擇出差避開男友。但警察男友也不是完全認同警方所為，「唔使下下扑人頭」[15]、「邊啲想升，唔使叫都會自己衝上前，睇得出的」[16]，不過在警察內部，稍有「離心」又或「同理心」，卻會被人當成內鬼、會被欺凌，有時只能企後一點。阿Sa曾問過家姐：「如果我出去，看見你男朋友怎麼辦？」家姐說：「佢會扑細力啲，你扮好痛就得了，大家交戲……」幸好，還未碰見。

　　至於妹妹，運動爆發以來，不時跟著姊姊遊行。直至10月1日前夕，阿Sa不讓妹妹外出，因為覺得很危險。

　　「明天不准出去。」
　　妹妹問：「為甚麼？」
　　「我不知能否回來，明天一定很危險。」
　　妹妹哭著說：「你明天一定要回來……」

　　「我要上前線，我無法照顧她，我不知那天能否回家。」兩姊妹在大廳，就好像道別一樣。「為何遊行要道別、要生離死別、要做這個準備？當時好多人約大家10月2日出街，到底大家有多絕望？」

---

15 意指當時不少警察用警棍棒打被捕者的頭部。
16 意指看得出想升職的警察，會主動衝上前拘捕示威者。

　　結果10月1日，中華人民共和國成立70年之際，全港多區爆發激烈衝突，警方分別於大河道、沙咀道、沙田坳道、窩打老道等開出6發實彈，拘捕180人。其中在荃灣大河道，手持浮板、白色幼棍狀物的18歲中五男生曾志健，遭警員曾家輝近距離開槍擊中左胸，子彈碎片離心臟只有3公分，成反送中運動首位遭實彈擊傷的示威者。

周滿鏗攝

火魔隊　信與割

由6.12當日，還是參與民陣集會的「和理非」，一路走上街頭一路改變自己的形式，試過企上前線，但發現跑得不夠快，意識到自己不適合、資源錯配，轉移研究火魔，會做事前準備、搜集物資、分拆材料，「他們操體能，我們溝化學品……」

她加入了一個群組，裡面的人互不相識，約過出來見面，年紀最細的只有14歲，最大29歲，普遍都是二十多歲。有人因為與家人政見不同，被人趕出街。不太熟絡，但一起做上高風險的行動，很多事，都是講個信字。

不過在實際行動上，無論隊友的安全、資源的運用都會有拗撬[17]，尤其是團隊有年紀較小的隊友，她最怕「湊仔湊女[18]」。「自己要好好保護自己，自己衰是自己的事。要我們看著年紀最小的，是不是要攬住一齊死先叫負責任？如果對方有事我沒事，我是不是要受千夫所責？」

「我找了一批化學品回來，但最終用了一成都沒有，之後如何處理？不是錢不錢的問題。我咁辛苦找回來，又要散出去，運來運去。是不是太不負責任？是否高估了自己？又有人誤傷手足後，一走之了。」

---

17 拗撬：爭執。
18 湊仔湊女：照顧兒女般。

「割不割席？對不起都要說，如果是豬隊友，不懂得保護自己的生命安全，還要老奉別人照顧，一定割啊，不可能帶仔上路。不是說行動力差、沒有太多實戰經驗的人是豬隊友，而是老奉要人幫的人，連索帶都不懂用那些，又有些人衝上前打卡影相，就眞的接受不了。」

有人走，有人留下來，隊友現在的關係也變了，反而會在生活上聯絡，談談抗爭以外的話題。「未必會次次一齊出，但大家會互相配合，確保大家安全。」定時定候，要在群組說話報到，就像一個「平安鐘」，如果失聯太長時間，會被隊友「瘋狂轟炸」，再沒有回應就會被踢出群組。

我的後援

阿Sa走得很前，男友無法跟上，有時男友擔心起來會打電話給她，卻遭她斥罵：「成手白油點聽電話」、「如果我走緊，爲咗聽你的聽電話，而被警察制服，點算？」

我問她：「有沒有影響二人關係？」

她說：「不會。」

我再問：「但大家會否覺得不同步？」

她說：「後來想通了，告訴他如果我被人拉了，之後你要養我。我站在前一些，你站在後一些也沒有關係。」

一個願上前打，一個願後面捱，亂世下的一對情侶。

附錄：

監警會引聯合國「槍械驅散集會不合法」

　　監警會就2019年6月12日金鐘衝突發表56頁的報告，其中催淚彈夾雜、數百人圍困中信一幕引起公眾廣泛關注，幾乎釀成人踩人事件。報告指，立法會道迴旋處附近的警員，以及身處演藝道交界的警員，在龍匯道展開驅散行動初時，無法看見中信大廈外的情況，指揮中心亦沒有注意到中信大廈的情況。最終警方向龍匯道，施放少於10枚催淚彈。監警會多次指出，警方需檢討在中信大廈使用催淚彈的做法。

3時半宣稱「暴動」准警用武力　考慮因素未明

　　報告指出，部分新聞報道、網上片段及相片拍攝到警員，向沒有構成明顯威脅的人士，或似乎已經被制服的人士使用武力，包括使用低殺傷力投射彈（即橡膠彈、布袋彈或反應彈）、警棍、催淚彈、胡椒彈、胡椒泡劑、胡椒噴劑、催淚水劑、盾牌和徒手武力。部分錄影片段和相片顯示，有示威者頭部、臉部或身體其他部位受傷，涉嫌是警員使用武力時造成。公眾關注警方所使用的武力是否合理。

公眾關注警方使用武力的事件，大多在下午3時50分後發生。警察總部指揮及控制中心在下午3時50分，指示所有警員若性命受到威脅，可提升武力程度。下午4時03分，再發出指示在政府總部一帶清場。從這刻起，政府總部一帶不同位置都出現衝突，警員使用不同程度武力，驅散政府總部範圍的示威者，包括催淚彈、低殺傷力投射彈、催淚水劑、胡椒泡劑、胡椒噴劑和警棍，示威者其後分散到金鐘、灣仔和中環不同位置至午夜。警方這段時間的行動惹起大量批評。

　　此前，指揮及控制中心在下午3時30分，向所有前線警員宣稱當時情況為「暴動」，意味可以引用警方使用武力指引。報告指出，警方內部指引訂定使用武力的原則，警員只能使用最低程度武力以達到目的，在達到目的後，必須停止有關武力。使用武力前，警員須給予有關人士機會遵守警方的指令。指引亦表明，警員應自行判斷決定使用何等程度的武力，並須為行動負責。在現行法律制度下，武力使用屬警員的個人責任，須遵守法律和警隊的規例。

　　監警會注意到警方內部指引並無提及《公安條例》第18條和第19條，即涉及非法集給和暴動的條文，亦沒有界定在甚麼情況下會宣稱為暴動、當中的考慮因素、宣稱的目的、誰人有權宣稱，以及應否向公眾宣布、何時及如何作出宣布。

指揮中心無注意中信大廈外情況

　　6.12金鐘衝突之中，最大爭議包括數百人圍困中信大廈一幕，催淚彈墜落在人群，並且左右夾雜。新聞影片顯示，部分

催淚彈墜落在人群當中，中信大廈外的人群隨即陷入恐慌，爭先恐後試圖進入大廈正門。

根據警方指，位於立法會道迴旋處附近的警員，以及身處龍合街與演藝道交界的警員，在龍匯道展開驅散行動初時，均無法看見中信大廈外的情況，因為他們的視線被中信大廈正門入口的人群遮擋。而警察總部指揮及控制中心當時亦沒有注意到龍匯道中信大廈外的情況。

對於有催淚彈墜落在人群當中，警方解釋，可能是警員在人群之前低角度發射催淚彈，部分催淚彈藥可能在擊中地面後反彈到人群當中。其後身處龍合街與演藝道交界的警員，注意到中信大廈正門的混亂情況，便停止在龍匯道施放催淚彈。這批警員其後嘗試指示龍匯道的人群有秩序疏散。

警方當時計劃讓人群沿添美道的「逃走路線」離開，但許多人並沒有這樣做。大部分示威者在中信大廈正門對開的行人道聚集，並聽從民陣透過大型擴音器作出的指示進入中信大廈。警方稱，民陣搭建的講台阻擋了示威者的視線，以致部分示威者無法看見添美道，其實暢通無阻，可讓他們離開現場。示威者因此選擇嘗試進入中信大廈，而非沿添美道離開。

報告指出，當日下午4時03分，警員從龍和道抵達立法會道、添美道和龍匯道交界的迴旋處，在龍匯道西端及附近施放胡椒彈及催淚彈。下午4時09分，駐守在龍合街和演藝道交界的警員亦開始施放催淚彈，驅散聚集在龍匯道中信大廈外的示威者。據傳媒直播片段可見，由下午4時09分至14分短短5

分鐘之間，龍匯道不同位置、毗鄰迴旋處及添美道都出現催淚煙。

問題是，當時情況下使用催淚彈是否有必要及恰當。單是龍合街與演藝道交界的警員清場行動期間，已向龍匯道施放少於10枚催淚彈。至於立法會道一帶警員，在龍匯道西端施放胡椒彈及催淚彈的數量就未有提及。

聯合國：槍械驅散集會不合法　群眾恐慌引人踩人風險

報告披露警方指引，規定警員使用催淚彈前，必須考慮一系列因素，包括風向和風速如何決定催淚煙擴散、使無辜人士暴露於高濃度催淚煙的風險、需留有逃走路線，否則群眾會產生恐慌。報告另節錄聯合國發表的《執法人員使用低殺傷力武器指引》內容，重點包括：

● 即使當局認為集會屬於非法，但參與集會人士的基本人權仍應獲尊重及保護。當局應採取適當的措施為局勢降溫，減低發生暴力事件的風險。執法人員應留意，若在集會中大量展示低殺傷力裝備，可能會導致集會氣氛的張力升級。倘若須使用合乎比例及必要的武力以達致合法地執法的目的，應盡可能採取所有可行的預防措施，避免或至少減低造成傷亡的風險。

● 必須在別無選擇的情況下，才使用低殺傷力武器驅散集會人士。執法機關決定採取驅散行動前，應設法辨識個別暴

力人士，將他們與其他集會人士區分隔離，以便集會可繼續舉行。

● 應給予時間讓集會人士遵從執法人員發出的警告，並確保有安全空間或路線讓集會人士前往。

● 使用槍械驅散集會始終是不合法。

● 除非當時情況可合法驅散整個集會，否則在一段距離外發射含化學刺激物的武器（例如催淚彈）時，只應針對暴力群眾。使用此類武器時，必須審慎考慮對非暴力集會人士及旁觀者的影響。

● 如預計將向集會人士使用任何低殺傷力武器或相關裝備，應充分注意引起群眾恐慌的可能性，包括人踩人的風險。

監警會建議，警方應檢討在中信大廈使用催淚彈的事件，包括催淚彈使用前和持續使用期間的評估、警察總部指揮及控制中心與前線警員之間的協調、警方與集會主辦單位及參與人士之間的溝通、逃走路線是否暢通，以及將來行動部署採取替代策略的可能性。

在一個已獲警方發出不反對通知書的集會進行期間，若警方認為有必要終止集會，應先與集會主辦單位商討，並給予足夠時間和指示，讓集會主辦單位及參與人士終止集會，並沿可行的逃走路線離開現場。

煙硝下的小人物
7.21廚師遇襲背脊開花：
「我這輩子都不會原諒警察。」

06.2021

2019年7月21日，元朗恐襲，結下香港人難以撫平的疤痕。那天，大批有鄉黑背景的白衣人手持藤條、木棍集結，警察早有巡視但不作為；直至平民被群毆施襲，警察也遲遲未有到場；三小時近2.4萬個報警求助，呼天不應，叫地不聞，香港人流血也流淚。

24歲廚師蘇子朗當晚最先遇襲，他在元朗「形點」商場下班後，無辜遭白衣人用藤條打至「背脊開花」，留下十多道血痕，觸目驚心。這一夜，成為警民衝突急劇惡化的分水嶺，也是往後多場示威的催化劑，香港警隊自此背上「警黑合作」的污名。

他背脊留下的血痕，也喚起了內心的政治覺醒。他坦言：「中學很少理政治，最多上YouTube看片笑下『元秋』，其

他議員是誰人、叫甚麼名都搞不清。」卽使2014年長達79日的雨傘運動，他亦未曾去過現場，2019年逃犯條例爭議起初，直至自己遇襲，他由闊佬懶理，到驚覺政治原來可以如此接近。

被藤條木棍鞭打圍毆　財物盡失借電話報警

　　回想當日遇襲，蘇子朗仍然歷歷在目。他在7月21日當晚9時45分下班離開餐廳，一邊行一邊用電話，從社交媒體看見元朗有很多白衣人聚集。五分鐘後，他行到「形點」商場往攸田東路及鳳攸東街方向的門口，「出來看到幾個白衣人手持藤條，分左右兩邊站，有些戴上口罩、有些沒有，繼續行，轉出去公園及藍色天橋，就發現更多白衣人聚集，離遠望已很多。」

　　穿過「形點」一期地下水池後，一直行到攸田東路和鳳攸東街交界，他經過時低語：「嘩，眞是很多白衣人喎。」一名白衣人隨卽走上前嚇唬：「你講咩啊？咩意思啊？」繼而一群人蜂擁而上、不停圍毆，並以藤條、木棍鞭打他，「試過解釋我只是剛剛收工，還穿著廚房鞋，但他們根本不理是否認錯人，只管繼續打。」

　　約一分鐘後，他跑走但被人追上，他抱頭倒地，再被多人拳打腳踢，期間有途人幫口指打錯人，施襲者才慢慢停手，他隨卽往雞地方向逃跑，整個施襲過程約五分鐘。「那時甚麼都掉了出來，八達通、身分證、手機統統飛走，只得返個人。」

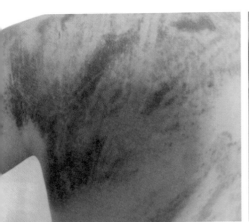
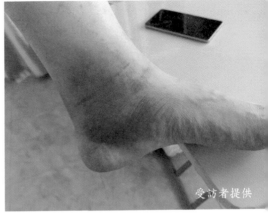

受訪者提供

　　他原本想跑出元朗大馬路，但擔心怕不知再會遇上甚麼人，繼而轉入內街安寧路。「一開始走入間茶餐廳，本身問借電話都OK，怎料知道我是借來報警就極大反應，可能怕有麻煩，唯有再行去便利店借。」約五分鐘後，一輛巡邏警車和一輛衝鋒車到場，再過兩分鐘後，救護車也到場。他形容到場的警員，感覺是知道有事發生，警員對話間亦提及「不只一單報警說有人被人打」，不過未知是針對他被打，還是其他襲擊個案。

　　他在當晚9時50分遇襲，到10時25分報警，當時警員仍可在5分鐘左右到場。這與當晚元朗西鐵站的情況大相逕庭。約10時40分起，大批白衣人在車站內集結，並手持木棍等追打市民，包括孕婦、立場新聞記者、Now新聞台攝影師等多人受傷，兩名軍裝警曾到場但調頭走。

　　39分鐘之後，才有近40名警員到場處理，但施襲者已經散去。直至翌日凌晨12時半，大批白衣人強行拉起鐵閘，再

次闖入車站追打市民。由晚上10時半至凌晨1時半，三小時內超過2.4萬人次致電999緊急求助，換來的是未能接通、被掛線、甚至「驚就唔好出街」的回覆。

中學同學變錄口供警員　不可能再做到朋友

蘇子朗被送往博愛醫院，檢查後骨和內臟沒有大礙，但幫忙錄口供的警員，竟是中學同班同學。「都幾搞笑，始終那時未仇警、未講黑警死全家。有個軍裝行過來說有個CID（刑事偵緝警員）找我，怎料是中學三年的同班同學，之後還過來幫我錄口供。」面對昔日同窗，如今的他聲言「同警察不可能做到朋友」。他再被轉去屯門醫院，由21日晚入院，24日出院，足足留醫三日。

在醫院一覺醒來，回帶所有新聞，驚覺原來整件事有預謀。他連珠炮發說：「第二日追新聞才知事態嚴重，原來當日下午已有白衣人聚集，晚上直頭上西鐵站手持木棒追打市民，對現場人士拳打腳踢，報警警員卻落閘。與立法會議員何君堯握手的男子，被認出是襲擊者之一。防暴和白衫人搭膊頭，竟聲稱看不到攻擊性武器。之後元朗八鄉分區指揮官李漢民向記者說，提問不會令他害怕等等，根本7.21元朗恐怖襲擊是有計劃，並非突然吹雞[1]，而是警黑勾結。」

背部被打至藤條開花，十幾道疤痕觸目驚心，成為元朗恐襲中最廣傳的照片之一，更是警方任由襲擊發生的見證。幸

1　吹雞：號召。

好，藤條僅傷及軟組織，不涉及骨折，「身上沒有傷口，本身話去醫院洗傷口，最後都不用洗，但按下去肌肉會痛，慶幸沒有皮開肉裂。」但他說，右腳才傷得最重，當時不斷有人出盡力踢他的小腿骨，出院後第一個星期，一行路就痛，即使吃止痛藥睡覺亦沒用，最終休息一個月才能復工。

對警暴反感　這輩子不會原諒

無辜被打至「背脊開花」，他和「藍絲」母親相依為命的關係反而進一步惡化。「事件沒有令她改觀，有次跟她吵大鑊，直至現在，雙方都甚少聊天，一說話又會嘈。她覺得我唔好彩先被人打錯，覺得7.21是兩班人爭執，深信黑衣人入村打人，鄉民才站出來反抗。」作為見證者、傷者、受害者，他並不認同。

他從小在元朗長大，知道「村入面有村的規矩，但你不入去搞事，他們也不會出來。只是沒想過他們竟可肆無忌憚地打人，而且警察不來支援市民，防暴更與白衣人搭膊頭……7.21後才發現真的有班人，當正元朗是自己地盤，要聽自己的規矩，不聽就肆意出來打你，完全漠視是否合法，總之我有我法律，條文啱我就得。」

「我由細到大住元朗，還是一塊爛地時，我一家便已經搬入，元朗不是你的……我想我這輩子都不會原諒警察，做過太多錯事，警暴從未正視過，7.21放縱、放任白衣人打人，面對市民求救竟然拉閘，叫人如何原諒？事情回不去了。」

張凱傑攝

　　7.21之後，他對警暴非常反感。「政府叫人返工建設社會，我正正就是這些合法、很聽話的人，努力返工、放假休息，就是政府口中的正常模範，我全都做足。但為何放工都會被人打？我並非政府口中搞事破壞社會的暴徒，我都要被人打，點解呢？而且我有報警，是一個完完全全的受害者！」

　　對於案件進度，他直言「完全無聲氣，只錄過一次詳細口供，做過兩次認人，之後就好似無咗尾咁[2]，7.21案件也沒有傳召過我出庭作證。」

我的政治覺醒

　　自此他留意更多政治和社會議題，「以前只看新聞標題，

2　無咗尾咁：不了了之。

現在反而會主動閱讀內文,研究決策對社會的影響。社會風氣已改變,由絕少談政治,現在食飯出街都會分享新聞。」7.21之前,他只去過6月16日的200萬人遊行,「當時都是朋友話去,純粹是為了見朋友,撞上放假便一起出去逛逛。」後來卻會特意調假參與社會運動,他笑言:「最九唔搭八[3]是『球迷大和解』人鏈活動,我自己完全不觀看球賽,但見有集會都去支持下。」

他形容7.21是自己的政治覺醒,「以前覺得政治很遠、很麻煩,現在會了解到,所有事情其實很貼身,你無辦法不談政治,所有事都與政治環環相扣,連落街買棵菜幾錢亦是政治。」初頭擔心香港人善忘,「但行到這一步,是永遠不會忘記,抗爭運動維持一段長時間,已變成習慣,刻入每個同路人的心。」

他陳說著理想中的香港:「有自主權,政府由民眾選出來。堅持才看到希望,不是看到希望才堅持。」可惜,如斯政權下,討回公道,談何容易。

官方改寫論述

官方對於當日難以迴避的責任和問題,一步又一步重整說法。時任警察公共關係科高級警司江永祥在2019年12月接受《有線新聞》專訪時,叫大家要將畫面拉闊,形容「是由一班人帶一班示威者入元朗而牽引成件事」,語間多次停頓。他其

---

3 九唔搭八:風馬牛不相及。

後在記者會澄清，有關說法是他的觀察，並非調查結論。

時任警務處處長鄧炳強在2020年3月被問到7.21調查進度時，說元朗西鐵站發生很多事，包括鳳攸路有人被藤條打，在港鐵站有黑衣人用消防喉，後來有些暴徒打地鐵站入面的市民。他後來再接受《明報》專訪，提及「睇番成件事有好多部分，包括下午已有暴徒打人，有暴徒由外面入元朗噴滅火喉、滅火筒，亦有暴徒在車廂打人。」

警方在2020年《財政預算案》官方文件中，報稱2019年在15分鐘內回應新界區緊急求救電話比率達到97.9%，被揭發未有計及7.21當晚2.4萬個報案電話。警方其後辯稱，不會重複計算同一事件的求助來電，更指「有別有用心的人在網上號召市民一同致電999報案，此舉癱瘓當時999報案中心的熱線。」

把真相說下去

作為7.21受害者，對於警方的說法，蘇子朗說直斥「好荒謬」，有人拿滅火筒之類的事，甚至在地鐵站的任何片段和相片，肯定都在他被人打之後發生。「我在商場外邊，我放工被人打、被白衣人打，是否不屬於7.21事件？我這單算是甚麼？我對他們來說，算是甚麼？」他批評，警方稱有一班人入元朗搞事的說法欠缺理據，「如果你係話白衣人搞事打人，我認同，仲打我添[4]。」

4　仲打我添：更是襲擊我。

如果沒有好好保護市民是第一重傷害，事後以偏蓋全的說法便是二次傷害，彷彿在受害者的傷口灑鹽。他質疑當權者或想重組整件事，用一堆謊言編織成新說法，改變大家對7.21的記憶，如同洗腦教育。「就好像現在有人說沙士來自香港，但實情是由中國大陸傳入香港，當時內地未有及早通報疫情，讓SARS在香港大爆發。」

再講下去，怕不怕被有心人針對？

他聳聳肩道：「反而更加要利用我這個身分，力證警方當晚的行為不當，這是最簡單永遠使人記得7.21事件，提醒大家不要忘記。一日在生，我都一定會告訴大家，721是一件怎樣的事。」

香港人，也不會忘記。

後記：

香港電台鏗鏘集《7.21誰主真相》一集，披露閉路電視片段，見到7.21當晚至少一名男子手持疑似委任證，來回鳳攸北街十多次，當時街上已有白衣人持國旗及不同條狀物體，不同形式大大小小的武器。其中一名持棍男子更在這位手持疑似委任證的便衣警面前行過，但疑似便衣警並沒有任何行為，視若無睹。

當晚出現在鳳攸北街，部分有接載白衣人的車輛，經查冊後，證實幾部車的車主都是村代表，包括屏山鄉輞井圍村代表鄧輝泰、新田鄉竹園村村代表黃廣寧。多段片段顯示，西鐵站內白衣人身上印有「廈溪」字樣，亦印有類似傳統建築的圖案，其圖案與

「廈村鄉事委員會」的標誌相似。當日日間,這班人早在一個停車場聚集,記者找到涉事停車場正是廈村鄉楊降圍。

節目播出片段,顯示建制派立法會議員何君堯當日跟白衣人握手,其後多人陪他離開,其中一人還拿著棍。何君堯身邊的人包括一位屯門的村長,還有一位叫黃四川,黃在2016年立法會選舉,做過何君堯競選義工,當時同區候選人周永勤表明受黃四川「狙擊」而退選。當晚黃四川拿鈸與數十名舉著「保護元朗」標語的市民遊行。白衣人於西鐵站襲擊市民後,黃四川在月台拍手。另一位跟何君堯握手的鄧威良,是元朗八鄉北區議員鄧鎔耀的弟弟,當晚曾在元朗站月台上出現。

警方在節目播出後承認當日元朗警區曾派出便裝警員到人群集結的地方視察,並聲稱「因應現場情況及風險評估,作出部署及行動。」然而,事實是監警會報告披露,警方在當晚7時51分至9時45分期間,曾5次派出刑事應變小隊人員到現場,但匯報「白衣人沒有任何破壞社會安寧或犯罪行為」。警方所指的「作出部署及行動」,最終是「不採取任何進一步行動」。

後來,該集編導蔡玉玲因查冊揭發7.21接載白衣人的車主身分,前所未有被控作出虛假陳述,罪成罰款,並留下案底,震驚新聞界。

附錄：
監警會報告揭7.21警方失責

　　引起社會極大迴響的7.21元朗恐襲，大批白衣人無差別襲擊市民，「無警時份」更揭示警方嚴重失誤。監警會在2020年5月15日發表長達122頁報告，披露當日一早已有兩名警員在元朗站做「哨兵」匯報異常情況，但並無在晚上10時42分至11時14分關鍵時刻，向元朗警區匯報有人打鬥、倒地、受傷、流血等情況。快速應變部隊抵達車站上層大堂時，部分白衣人從警員前面跑過，但警員亦未有追趕或截停他們。

　　新界北總區最高指揮部曾三次聯絡警察總部指揮及控制中心，要求部署額外資源到新界北總區，但換來是「以港島資源部署為首要」的決定。元朗警區行動室重複指示快速應變部隊進行高調巡邏，但快速應變部隊並沒有聽從指示。更甚是999控制台錯誤將報案合併處理，並無就元朗站J出口對開英龍圍的打鬥，部署任何警員和通知元朗警區行動室處理。

　　報告指出，警方在若干情況下未有及時採取行動，的確激化外界對警方與黑社會勾結的指控，但由於監警會沒有法定權限或能力，審查有關警員與黑社會勾結的指控，只能由執法機關調查。

襲擊前兩日早有風聲　兩警駐守元朗站當哨兵

　　報告指出，早在去年7月16日傍晚，元朗鳳攸北街休憩處

放映會，播放涉及大型公眾活動中指控警暴的影片，有白衣人與活動參與者發生衝突，但衝突未有演變成暴力事件。事後網上有呼籲市民參與7月21日在元朗舉行的公眾集會，亦有人呼籲元朗居民站出來保衛家園，新界北總區總部在7月18日及19日向警察總部指揮及控制中心提出要求，由總區調動人手到元朗區，應付7月21日元朗可能發生的重大衝突。

不過，警察總部指揮及控制中心經評估後，發現網上訊息顯示大部分人當天將參與港島區的民陣遊行，認爲元朗發生重大衝突的風險較低，決定把大部分人手部署在港島區，新界北總區總部於是派遣一隊爲數30名警務人員的屯門第三梯隊小隊在屯門警署待命，以應對元朗可能出現的突發情況。

7月21日當日，整個元朗警區（包括元朗分區、天水圍分區及八鄉分區）共有209名警員執勤，爲應對可能出現的突發事件，元朗警區成立多支特別小隊，包括：

1. 元朗警區行動室，由11名警員組成，在元朗區指揮官（臨時）指揮下就突發事故展開行動；

2. 快速應變部隊，由70名分區軍裝警員組成，執行保衛警署職務及應對受關注的事件（主要介入涉及中等程度暴力的衝突）；

3. 刑事應變小隊，由46名警員組成，負責核實與《逃犯條例》修訂草案示威相關的舉報，並調查其負責範圍內的罪案；

4. 偵察部隊，由13名警員組成，派遣至元朗市不同地點，觀
   察和匯報其負責範圍內的任何異常情況；

5. 元朗刑事總部小組，由五名警員組成，負責7月21日在元朗
   發生的所有罪案初步調查工作；

6. 港鐵警方觀察哨站，由八名警員在西鐵線元朗站、天水圍
   站、朗屏站及錦上路站執勤，即每個車站有兩名警員駐
   守，在西鐵站內的車務控制室觀察，並直接向元朗警區行
   動室匯報任何異常情況。

　　當日警方全港各區的行動採取三層指揮架構，警察總部
指揮及控制中心由警隊最高管理層以及行動部其他高級警員指
揮。然而，警方行動集中在港島，新界北總區最高指揮部則在
元朗警區行動室協助下負責元朗區的行動工作，警務目標是預
防暴力事件發生、維持治安及確保公眾安全。

新界北總區三次要求額外資源不果

　　港台《鏗鏘集》披露的閉路電視影片顯示，警車曾三次駛
經聚集的人群，似乎無介入和防止接踵而來的暴力事件。監警
會指出，車上所有警員均知悉該區有白衣人出現，由於未觀察
任何武器或破壞社會安寧行為，因此未有理據干涉人群聚集。
晚上8時至9時之間，新界北總區最高指揮部曾三次聯絡警察
總部指揮及控制中心，要求部署額外資源到新界北總區，應付
在不同地區發現白衣人聚集的舉報。然而，警察總部指揮及控
制中心維持原來決定，以港島資源部署為首要。

　　監警會表示「理解」元朗警區行動室決定不驅散聚集在鳳攸北街的人群，或在當時不直接採取行動處理該處的人群，是基於該等行動可能導致警方與人群發生衝突，形容鳳攸北街是一條繁忙的街道，如發生衝突將令情況難以控制，而元朗警區行動室亦有人手限制，指揮人員需在種種限制下作出「艱難決定」。

　　不過，監警會指出該集結非比尋常，所有事實表明「潛在的暴力衝突正在醞釀之中」，元朗警區行動室應該察覺到。約晚上9時55分，999控制台收到報案，指一批白衣人在雞地用藤條攻擊一名途人，已立即經傳媒報道，警員亦在晚上10時36分找到受害者。此刻，白衣人明顯已對公共安全構成威脅。

第一輪施襲關鍵時刻　哨兵無匯報流血打鬥

　　根據警方紀錄，晚上10時至10時59分期間，999控制台共接獲265宗電話報案，並在晚上11時至11時59分再接獲387宗電話報案。監警會檢視部份當晚10時至11時59分期間的電話報案紀錄後，有以下發現：

1. 晚上10時至10時39分，多宗電話報案稱白衣人在街上襲擊途人，較多電話報案提及武器，主要為藤條和木棍，數宗電話報案指等候一小時仍未見警方到場。

2. 晚上10時40分，999控制台接獲電話報案稱元朗站發生打鬥，有人躺在地上，致電者要求救護車服務。

3. 晚上10時42分，999控制台再接獲兩宗電話報案，報稱有數十人在元朗站內打鬥，情況混亂，有人受傷及流血，要求召喚救護車。

4. 晚上10時45起，999控制台再接獲多宗電話報案稱元朗站一帶有大批白衣人襲擊他人，部分報案則稱襲擊事件在元朗站內發生。

據警方表示，晚上10時42分，新界總區指揮及控制中心把兩宗元朗站內求警協助個案（男子報稱遭白衣人襲擊、母親與孩子要求警方護送），傳達予一名巡邏小隊警長。同時晚上10時42分，元朗站的港鐵警方觀察哨站向元朗警區行動室匯報稱，約有30人手持棍棒在F出口聚集。港鐵公司表示，晚上10時45分，元朗站的車站人員注意到車站大堂發生爭執，火警警報被觸發，因此在晚上10時47分報警。

報告指出，被派往港鐵警方觀察哨站的兩名警員專責監察元朗站的情況。他們在晚上10時42分作了匯報，因此應已注意到元朗站發生的事情，應於晚上10時42分至11時14分的關鍵時刻，向元朗警區行動室定時匯報最新情況。不過，車站大堂發生爭執、觸發火警警報、港鐵報警、有人倒臥地上、數十人打鬥、有人受傷流血、大批白衣人襲擊他人等情況，港鐵警方觀察哨站並未向元朗警區行動室匯報。

截至晚上10時40分，約200名白衣人已離開鳳攸北街。報告亦指出，現時並無資料顯示元朗警區行動室是否曾監視該批人士的去向。

巡邏警抵元朗站自認無法應付　行動室指示撤退等增援

　　晚上10時52分，第一輛巡邏車上三名警員到達元朗站G1出口，並無看到有人打鬥，只見站內有一批白衣人看似情緒激動，大聲叫喊。警員考慮在場人數，認為自己無法應付情況，於是向直屬的警長匯報情況，指付費區內的人群與身處非付費區的人群出現對峙。該名警長隨即向元朗警區行動室匯報，元朗警區行動室因此指示上述警員撤退，並在附近等候增援。

　　晚上10時57分，元朗警區行動室由元朗警署部署合共約50名快速應變部隊人員、通知元朗刑事總部小組，並動員屯門第三梯隊小隊的兩個縱隊（約15名警務人員）前往元朗站增援。同時，元朗警區行動室指示正在前往元朗站的第二輛巡邏車返回元朗警署。

　　元朗警署的快速應變部隊人員接獲元朗警區行動室指派前往元朗站的任務後，在十分鐘內穿好裝備並聽取簡報。他們在晚上11時07分離開元朗警署，並在晚上11時15到達元朗站，元朗刑事總部小組亦同時到達，而襲擊事件在此之前一分鐘，即晚上11時14經已結束。這是元朗警署第一批抵達元朗站的快速應變部隊人員。

　　監警會留意並理解到，當三名警員匯報元朗站情況超出他們所能應付的範圍時，元朗警區行動室指示他們立即離開。同樣地，監警會明白元朗警區行動室評估兩輛巡邏車上的警員，加上港鐵警方觀察哨站的警員，都不足以直接應付站內的打鬥

和襲擊事件，但元朗警區行動室仍可考慮部署該批警員在元朗站駐守等待增援，至少顯示有警員在場，並非要求該三名警員立即撤退。

監警會觀察到，調派兩輛巡邏車載著六名軍裝警員赴現場之前，港鐵警方觀察哨站人員已經匯報稱最少有30人手持棍棒等武器在元朗站F出口聚集。此外，有大批白衣人曾於鳳攸北街聚集，並在晚上10時40分左右離開。網上有訊息指，有人已召集大批黑社會成員身穿白衣向黑衣人施襲，亦有其他訊息指身穿黑衣的示威者會予以還擊，實在是不應期望被派去元朗站的六名警務人員足以應付元朗站的情況。

白衣人跑過　快速應變部隊無追趕或截停

當第一批快速應變部隊人員在晚上11時15分到達元朗站時，大部分白衣人已經離開，而少數人正離開元朗站。元朗站內的閉路電視片段顯示，晚上11時15分有約40名白衣人乘搭扶手電梯往下，由G1出口離開車站大堂。突然，該批人士轉身逆向跑上扶手電梯返回上層大堂。數秒後，約30名警員乘搭上行扶手電梯至大堂。當時一名警員看見一名白衣人試圖沿下行扶手電梯往上走前往大堂，遂向該白衣人揮動警棍。該白衣人旋即轉身沿下行扶手電梯離開車站。當警員抵達上層大堂，部分白衣人從警員前面跑過，但警員並未追趕或截停他們。

警方解釋指，警員到達元朗站看到人群時，未目睹任何暴力事件，那幾個正在離開大堂的白衣人沒有任何暴亂或暴力行

為。晚上11時30分和11時38分，屯門第三梯隊小隊及元朗警署的第二批快速應變部隊人員相繼抵達元朗站。

監警會指，明白快速應變部隊人員並無足夠理由單憑現場人士所穿衣服的顏色進行拘捕。然而，當快速應變部隊看見40多名白衣人不尋常地逆向跑上扶手電梯，理應警覺到情況可疑。如果部隊得悉999控制台接獲的舉報，以及得悉港鐵警方哨站有關大批白衣人參與打鬥和襲擊的資料，部隊人員便應截停查問他們，並登記他們的個人資料。

快速應變部隊無按指示高調巡邏　再釀第二輪施襲

晚上11時25分，元朗警區行動室指示快速應變部隊在處理完元朗站的情況後，於附近進行高調巡邏。晚上11時56分，元朗警區行動室重複上述指示。不過，快速應變部隊人員沒有按元朗警區行動室的指示進行高調巡邏。鑒於在元朗站的協調工作不理想，快速應變部隊人員於凌晨零時10分在元朗消防局集合重整，就行動策略作緊急簡報，以提升整體行動效率。

快速應變部隊指揮官透過無線電巡邏系統，把緊急簡報的安排通知元朗警區行動室，簡報在凌晨零時16分結束。此時，一名快速應變部隊指揮官接到警察總部指揮及控制中心的電話，告知他元朗站附近有多人正在打鬥，一名村民受重傷。該名快速應變部隊指揮官把此訊息告知元朗警區行動室，並要求元朗警區行動室確認情況。凌晨零時17分，元朗警區行動室指示所有前線警員在確認發生打鬥前，不要前往元朗站。

監警會理解動員快速應變部隊，讓部隊人員配戴裝備以及聽取簡報需時，但這亦表示當第一批快速應變部隊人員於晚上11時15分到達時，元朗站的打鬥和襲擊已經結束，而大多數白衣人已經離開該處。事件的關鍵時刻是晚上10時42分至11時14分，如果快速應變部隊能在更早時間部署，又或能在更早時間候命，他們便能更快到達元朗站，晚上11時05分至11時13分，在列車車廂內襲擊人群的事件便可能避免，又或能夠截停並拘捕部分白衣人。

快速應變部隊人員被部署前往元朗站時，元朗警區內的其他警車亦可被派遣往元朗站增援。鑒於元朗站的情況嚴重，對比其他非緊急警務工作應獲優先處理，這些額外調配的警車或會比快速應變部隊人員能更早到達元朗站。

999控制台錯誤合併報案　無通報英龍圍打鬥

根據新聞報道，元朗站發生襲擊後，接近午夜時分，約有30名白衣人在英龍圍聚集（元朗站後面及J出口對開）。約晚上11時58分，當30多名黑衣人正離開元朗站時，與部分白衣人發生衝突。凌晨零時05分，雙方互相投擲物件，隨後發生打鬥。白衣人使用藤條、雨傘和類似棍棒物體打鬥，而黑衣人則使用雨傘。

警方表示在7月22日凌晨零時01分，999控制台接獲報案，指J出口附近的英龍圍有打鬥事件。控制台並無就此部署任何警員前往，也沒有把報告通知元朗警區行動室。999控制台錯誤把該報案與較早前凌晨零時零分的兩宗求警協助報案合

併處理。其中一宗報案涉及一名市民要求警方護送離開元朗站，另一宗報案則涉及救護員要求警方協助他們由J出口進入元朗站。

由於人手不足，警方沒有指派警員為該兩宗報案提供所需協助。因此，由於元朗警區行動室並未獲告知J出口附近的英龍圍打鬥事件，行動室亦未作出部署安排。事後得知，該打鬥是另一宗事件。據部分新聞報道稱，一名男村民為元朗黑社會幫派頭目，於凌晨零時08分突然倒下，其後被送往醫院。

直至大約晚上11時港島區的情況稍為緩和，警察總部指揮及控制中心才透過新聞現場直播，留意到當時黑衣人和白衣人正在元朗站衝突的混亂情況。由於港島區的情況得到緩和，所以警方得以於凌晨零時16分、零時25分及1時26分，重新部署總區應變大隊到元朗。增援隊伍於凌晨1時抵達元朗站，凌晨1時04分完成掃蕩，但並未找到傷者或目擊者。

監警會：無及時行動激化警黑勾結指控

報告指出，元朗事件指控稱警方與黑社會勾結，加劇反修例示威者對警方不滿，進一步推動示威活動，事件共衍生53宗須匯報投訴及19宗須知會投訴，匯報投訴包括警員未能接聽999電話、掛斷999電話、未能到達現場、不禮貌態度、未能回答查詢。

報告稱，監警會必須指出當日警方確實錯失不少處理事件的良機。當時，999控制台接獲500個電話報告有關白衣人

在鳳攸北街聚集，市民明顯對此狀況構成的潛在威脅越來越感到惶恐。元朗警區行動室雖然多次派出刑事應變小隊赴現場觀察，但不能降低市民不斷增加的疑慮。

監警會認為，若果警方採取以下任何一項或多項做法，將有助處理事件，當中尤其考慮到仍未見白衣人有襲擊警務人員的傾向：

1. 透過警民關係組，邀請鄉事委員會或區議員從中斡旋並尋求解決方法。

2. 成立小型應變小隊，高調駐守現場監察該批人群動向，忠告市民切勿靠近，並在聚集人群表現異常時採取行動或要求增援。

監警會認為，雖然人手有限，但元朗警區行動室應可應付上述行動，而且上述行動完全符合警隊推動社群參與的原則，警方應該就事件汲取教訓。如果採取以上步驟，不能大為緩和當時市民的關注，更能讓元朗警區行動室監察到白衣人的動態，及時採取預防措施。在此事件中，警方「及早防範」的策略未得到良好運用。

煙硝下的小人物

7.27社工阻差辦公罪成
劉家棟七天監獄日誌

07.2020

　　個子不高，身型單薄，長髮被剷短，劉家棟是反送中運動首位阻差辦公罪[1]成的社工。不涉暴力、不涉蒙面、不涉拒捕，但被判即時監禁一年，為同類控罪刑期較重的案件，對他來說十分愕然。他在獄中認識了一名手足，同一日向高院申請保釋上訴，二人坐著同一輛囚車出發，相約在法庭外見，但最終一人成功一人失敗，剩下一人獨自回程，重返荔枝角收押所。在法院臬格內，曾有這一幕：

1　阻差辦公罪：阻礙警方執行職務。

張凱傑攝

「他搖頭，我點頭。他對著我笑，然後被帶上囚車。我望著他背影，大叫撐住啊！」

劉家棟在6月23日獲保釋，步出法院時激動落淚，與社福界立法會議員邵家臻相擁。眼淚背後，還有外人看不見的畫面、難以言喻的感受。一周短暫的監獄經歷，他說看見很多不同弱勢，有些囚友連一個名也寫不進探訪名單，究竟社會如何令他們孤獨。這令他更堅定要擔當社工的角色，但因為罪成，他或要面臨釘牌[2]後果。

街坊拋開政見　祝願「好人一生平安」

社工以外，也是一位年輕人。劉家棟今年24歲，在屋邨長大。回想起14、15歲的自己，他形容是一位邊緣青年，經常流連街頭、不回家、不讀書、與家人關係差、經常吵架、中三更試過留級，終日無所事事，無夢想、無目標，就在犯法和黑社會的邊緣之間。在學校眼中是一位壞學生，不交功課、上課睡覺、經常記過，品學都「麻麻[3]」。

升上高中，社工介入個案，帶他到社區中心跳街舞，雖然當時的他內心只想著有冷氣，總算比起街上舒服，但因而令他由流連街頭慢慢走入社區中心。當年香港社會爆發雨傘運動，社會氣氛轉變，學民思潮出現，中學生也罷課。校內老師發現他對政治和社會議題有興趣，鼓勵他加入學校的「關社組」，

2　釘牌：被註銷社工資格。
3　麻麻：很普通，甚至不太好。

也令他初嘗有人信任的感覺。在劉家棟身上，看見社工和老師的角色，不用武器，也可改變一個人。

他漸漸發覺原來社工可以改變社區、政策和環境，也開始讀起書來。「我諗老師對我嘅改觀最大，因為我開始認真讀書，又會守規矩，由最多缺點變成最多優點嘅學生。」如今回想，他形容那位社工對他的影響很大「好似叮一聲咁」，令他不再迷失，開始有人生方向。中學畢業後，他報讀高級文憑，成功考取社工資格。

昔日扶他一把的社工，今天還有聯絡，由以往服務對象的關係，變成同行和朋友，分享彼此的生活和工作點滴。二人很少談及政治話題，但自從他被捕至今，對方不斷鼓勵他，形容他是做正確的事情，得到成長中一位重要人物的認同，他坦言很珍惜。

劉家棟現時在新界西一間社區中心工作，主要負責社區發展，服務對象是基層家庭，工作上涉及地區政治，例如社區設施、照顧者服務等。不少街坊得知他被捕和入獄的消息，都有慰問和鼓勵他，即使是親政府的街坊亦沒有稱他為暴徒，平時不肯聽黃絲或民主派的說法，但看見眼前熟悉的社工，也會願意聽聽他的想法，讓彼此都有啟蒙。被捕之後，令他有機會在工作上談及大環境的政治。

「佢哋知道我係好人，會話好人一生平安，希望我有一個公平的審訊和公正的判決。」

周滿鏗攝

　　抗爭者口中的「好人一生平安」，出自親政府街坊的祝福，社會撕裂和對立之中，還有人情關懷縫合傷口。他笑著說，可能有少少讚自己，但證明自己的工作成功與街坊建立關係，可以拋開政見。

七天監獄日誌

　　2020年6月17日裁決當日，他揹著皮革單邊袋，穿上「社工到底」的衣服，步入粉嶺裁判法院。時任署理主任裁判官蘇文隆認為，警方驅散行動合情合理合比例，在場社工要求警方放慢推進，等同要警方背棄職責，明言正如無人有權阻止追捕劫匪的警察一樣，決定判即時監禁一年，拒絕保釋。

　　劉家棟坦言當刻很愕然，根本沒想過會入獄，因為裁判官曾在提堂時提及「案情非最嚴重一類」，判決時亦指出「被告無使用任何器具」、「只有一名警員受阻」，而有關案例通常涉及抗拒警員的成分，但最多亦只是判幾個月。代表律師在庭上表明本案不涉暴力，即使襲警罪成也未必如此重判。基本上

判刑之前，所有法律意見都告訴他，不會判入獄，結果還是始料不及。

第一日　赤裸和剃髮

　　一般新羈押的案件會先送往荔枝角收押所，他坦言最不習慣是全身赤裸被檢查，尤其社工的責任就是要捍衛人權，當刻一下子甚麼人權都沒有。繼而就要剪頭髮，留了四年的長髮，原本打算捐出去，但一下子被剪掉，他只覺很浪費。

　　懲教人員的反應和對話之間，其實也充滿好奇，「你是社工？因咩事入來？哪裡讀書？」有趣的是，有一位懲教人員見他長髮，問他「你是不是gay？」他說：「不是。」懲教人員再說：「這裡沒有歧視的。」

　　懲教署會分開社運案的囚犯，因反送中運動而還押的同路人在獄中相遇並非理所當然。需時適應突然失去自由之際，他在獄中認識一位跟他年紀相若的手足，反過來安慰他「一年輕鬆啦，我估自己要有幾年」，令他想起更長服刑時間的手足大有人在，「他們失去的青春不只是那幾年，而是整個人生，人生空白幾年，出來之後就是釋囚，你會知道他們的路很難行。」

第二日　終極煉獄

　　他被運往小欖精神病治療中心，他形容是「終極煉獄」。囚室大小只有兩大步左右，再加一個廁所位，雖然有冷氣，但

環境仍然很臭、很惡劣，充斥屎尿味，廁所水不斷流很嘈，更不斷彈在他的腳上。囚室內沒有窗，24小時長開燈，沒有日夜的感覺，沒有時間的感覺，整個視覺都沒有變化。

張凱傑攝

他和另一位精神分裂的中年漢囚禁在同一間囚室，初到步時對方情緒已經非常激動，不斷「抁頭埋牆」。因為社工的經驗，他明白精神分裂不等於暴力傾向，單獨相處也沒有感到十分害怕，只覺很心痛，看見一個弱勢的人，於是開口跟他談天。「慶幸有社工背景的人跟他同囚，換著第二未必敢跟他談天，他可能會一直抁頭埋牆。」在囚室內無事可做，唯一可以做的就只有談天，又或玩手指，那天他做了可能是人生最長的輔導，因為傾到幾夜都得。在獄中，他找到社工的角色。

第三日　快要瘋癲

他被轉到另一間單獨囚室，這次沒有廁所水，更臭更凍。無任何人可以談天，只能發呆，但發了半小時抑或三小時根本不知道，「你身處的環境毫無變化，原來無嘢輸入，你的腦袋會無法運作，再落去會出現幻聽，這個情況會令人瘋癲。」他指，其實很多地方已開始檢討單人囚禁的做法，因為會傷害人的身心，是一種極刑。

第四日　很開心

　　他被送回荔枝角收押所，他說不只鬆一口氣，直情是很開心。這天，他遇到另一位都是年紀相若的手足，傾談之下，得知大家將在同一日申請保釋上訴，他們相約一起法庭外見。

第五至七日　等待

　　之後那幾天，他都在等待上庭的日子，申請保釋上訴，但他說沒有盼望，心裡不敢存有一絲希望，因為已經對司法制度很失望，那份落差會令他承受不了。然而，高院法官潘兆童最終批准他保釋，讓他和整個社福界都鬆一口氣。

張凱傑攝

　　短短一周，看盡不同弱勢。他曾經跟癱瘓囚友談天，對方失去吞嚥能力，一分鐘也只能說出幾隻單字，不知有多久沒有人跟對方談天，當他告訴對方將要保釋上訴，對方好不容易擠出「你啊？」兩字，顯得有點捨不得。獄中有些吸毒人士，入獄後不得不戒毒，每當毒癮起就連一枝筆也拿不起，他因而幫對方填表。也有些囚友的探訪名單，連一個人也寫不下，令他反思這個社會如何令他們孤獨，「如果無人，就寫我吧。」

七天獄中生活，他找到自己的角色，也許下了很多承諾，如答應探望他們，找一些物資給他們，將來他們出獄後幫他們搵工。

家人：短髮咪幾靚仔囉

　　獄內手足相認，原來沒想像中困難。他說，大部分囚友一說粗口、二有紋身、三或有毒癮，輕易看得出來。相反如果是手足的話，一般會較年輕、斯文、有禮貌，與整個監獄格格不入，一望就看得出來「這個人很奇怪」，一問之下就能相認。

　　獄外他跟父母和弟弟同住，他形容家人沒有很強烈的政治立場，也不會參與示威活動，但他們知道兒子是怎樣的人，不覺得兒子做錯事，對他來說，已經是一個很大的鼓勵。父母在他入獄第二日探望他，第一眼看見父母，看到他們的眼睛紅了起來，就知道他讓父母哭了。始料不及的即時監禁，也讓一家人無法團圓過父親節。

　　他在過百名社福界同工、聲援市民和記者包圍下，獲釋步出法庭。他坦言很驚訝，沒想過會有大批記者，也沒想過自己的案件得到社會關注，收到的祝福是那七天感受不到的溫度。今天，他跟家人的關係很好，彼此之間多了關心的說話。家人望著短髮的他，也讚了句「短髮咪幾靚仔囉」！

　　走出監獄後，還要繼續生活。每逢周二和周五，他下班後要到田心警署報到，提醒著他，伴隨他的還有未洗脫的罪名和未完成的刑期。他目前正申請法援，排期等候上訴，但未有確

切的日子,同時也要面對社工註冊局將要展開的紀律聆訊。

　　他現時在社區中心的職位是合約制,剛好本月底即將完約。訪問當日,他流露找工作的苦惱,「其實搵工好困難,因為確實是有定罪和刑期,無一個僱主會接受你,可能隨時要坐監,又可能隨時會釘牌。」不過他說會繼續搵工,畢竟他是家庭的主要經濟來源。

　　未知何時上訴、未知何時再入獄、未知何時釘牌、未知如何搵工,面對眾多未知,但經歷監獄裡的人和事,見盡不同弱勢,卻令他唯一堅定要擔當社工的角色。在獄中有因友勉勵他:「不要想外面的事,認真過好每一日。」

後記:

2021年2月23日,剛過25歲生日的劉家棟,被高等法院駁回上訴,但刑期由監禁一年減至8個月,要再次走入牢獄。高院法官黃崇厚質疑,憑甚麼會真誠地相信警方暫緩行動人群便會自行散去,客觀而言是一廂情願、過分奢望。黃官多次在判詞提及「整體情況」,上訴人在非法集結場景干犯罪行,必須顧及犯事背景,即使上訴人沒有直接支持或鼓勵參與非法集結的人繼續佔據馬路,但客觀必然起了作用,因此判處要有警惕之效。劉家棟聞判後表現平靜,舉起「五一」手勢,女友當庭落淚。

劉家棟目前是一位獨立社工,支援及關注社運有關案件。

煙硝下的小人物
8.02紀律部隊同窗買豬咀贈示威者：「從未想過警署有一天落閘。」

06.2020

　　那天，機場「萬人接機」集會，Benjamin接空姐女友放工，五個後生仔[1]在他身後大叫「阿sir」，他本能地轉身問「咩事」，雙方頓時對望猜疑，氣氛變得緊張，「個個起晒鋼[2]，我即刻叫冷靜冷靜，說自己支持示威者，又出示消防員證件，氣氛先緩和下來……」

　　大大隻又剷青短髮，紀律部隊這四隻字猶如刻在身上。同樣是紀律部隊，但消防員Benjamin及海關關員Angus表明不滿警隊超越底線和原則，暴力對待示威者，明確表態支持反送中運動。「消防員當值時不應帶有偏見地工作，無論甚麼人都要救，但也不代表完全抹去個人獨立思考。」

　　二人是中學同學，在香港最動盪、最艱難的日子，慶幸在體制裡仍遇上同路人。一向保守的公務員不再沉默，2019年8

1　後生仔：年輕人。
2　起晒鋼：劍拔弩張。

月2日在中環遮打花園發起「公僕全人，與民同行」集會，呼籲港府回應民間訴求，這是回歸後首次由公務員發起集會，公開對政府施政表達不滿，情況罕見。

那天，集會發起人顏武周說，公務員從來都是被指離地和沉默的一群，外面風大雨大都沒有站出來，因為他們都想要安穩。但有一班人，因為信念被人打不還手，很希望在他們的崗位為香港做點事，願一眾公務員可以本著良知與民同行。

「呢條女好正，好想屌佢啊！」[3]

Angus中學畢業後修讀副學士，但父母身體不好，全家的經濟之柱落在他身上，讀了一個學期就沒有再讀。「公務員的確是一份優差，沒甚麼工作人工高、學歷要求低，坦白講，我的能力走入私人公司，絕對賺不到這個人工，我有兄弟姐妹，但我的經濟能力比較好，主力養家。」這亦是他無法辭職的原因，「公務員是一條不歸路，一旦走上了便沒法回頭，我比較自私，不敢拋棄現有生活，做不到年輕人不顧一切向前衝。」

但他由2012年國教風波開始，已經有留意社會政治新聞，當時擔心「如果強推國教，將來自己的小朋友可能放學就會跟我說普通話、向我歌頌中國有多好，甚至會戴紅領巾，那時開始擔心下一代的教育。」原本渾渾噩噩的自己，見到反國教集會、人們的絕食，都會想「香港人是否無say，一定要硬食？」

3　那女生很吸引，很想操她。

周滿鏗攝

　　畢業後，當上海關關員近五年，但自從反送中爆發後，他時常失眠，看到電視直播會很憤怒，「心情差到經常與身邊人吵架，覺得自己甚麼都做不到。」令他最憤怒的是，每次政府高官出來發言，都跟他眼見的事實不符，「將濫用暴力的警察，描述成依法辦事的正義英雄，這樣的政府不值得香港人犧牲這麼多。」

　　他直言警察對犯人態度差早非新鮮事，由於海關和警隊時有合作，他試過有次去警署，見到警察拘捕了一些性工作者，其中一名警員當眾大聲說：「呢條女好正，好想屌佢啊！」無論白衫還是藍衫，紛紛加入討論及恥笑，他質疑「今時今日在街頭被打到頭破血流的示威者，回到警局後會否更過分？」

2019年香港區議會選舉時，他有份擔任票站工作人員，其所屬票站有位房署職員，指反送中後處理多了跳樓案，Angus不禁疑惑：「海面浮屍、跳樓、被自殺等可疑案件，事實到底是怎樣？」

消防員Benjamin跟Angus一起出席8月2日公務員集會，他說站出來有兩個最大原因，一是政府施政極差，不聽民意一意孤行；二是因為警暴，「看到所謂的紀律部隊，在前線所作所為已經完全超越權限，不掛委任證、蒙面，完全沒有後果。紀律是非常重要！」

二人又不忍前線年輕人買不起「豬咀⁴」，多次到五金舖掃貨，買「豬咀」、眼罩、生理鹽水等物資，再轉贈示威者，又捐錢給支援抗爭的基金。Benjamin帶有歉意道：「會覺得內疚，這些本應該是我們成年人的事，但因為我們有家庭負擔，很多事不能做，因此想在其他方面補償。」

「我不認同警察是紀律部隊」

2019年已成過去，但有些數字絕不會轉眼即逝，6.12、7.21、8.31、10.1等等，已經烙印在香港人心中。示威者提出的五大訴求中，其中一個訴求，正是要追究警暴。

談及警察這個紀律部隊，Angus迅即回應：「我唔認同他們是紀律部隊㗎！」最讓他們看不過眼，是警察的濫權。他

4　豬咀：防毒面具。

憤然說，公務員架構分級很清晰，指令由上而下，一旦沒有紀律，基本上陷入混亂，「因為看你不順眼便拘捕你，叫甚麼執法？這是古惑仔行為！」

7.21元朗襲擊及8.31太子站襲擊，他狠批「做了廿幾年人，從未想過警局有一天會落閘[5]。現在的警隊已不是紀律部隊一員，淪為政府打手，根本不需要維持治安及執法，已經是特權階級，毋須依法辦事，只管打壓反對政府的人，而你只可以硬食。」

他嘲諷政府「好成功」——「成功地利用警隊做擋箭牌，基本上警察是最後一根草，政府早已一無所有。如果有一天，警察不再站在官員前面，政府就好像被人剝光豬。」

他始終覺得，紀律部隊執行職務時，一定要保持政治中立，不帶任何感情去工作，不能因藍或黃政見而有所偏差，尤其是執法人員，更應該清楚了解原則和底線，無論對著甚麼人，必須依法辦事，身為稱職的消防員，也就是甚麼人都要救。但他承認脫下制服後，自己也是一個香港人，理應享有基本法賦予的權利，有表達政見的自由，不應因為工作完全抹去個人獨立思考。

周滿鏗攝。非受訪者。

5　落閘：拉起鐵閘關門。

　　Benjamin坦言看新聞也會「嚇親⁶」，批評警方制服所謂「疑犯」時，即使對方已經無反抗能力，仍要扑多幾下，導致頭破血流，這種不對等的武力，已喪失人性。「面對市民求助，警隊將最醜惡、最黑暗的一面表露無遺，與紀律完全掛不上等號。11月11日交通警在葵芳新都會廣場附近，駕駛鐵馬撞向示威者，卻沒有後果。」

　　他重提2000年6月，政府總部有關居港權的示威爆發警民衝突，有警員涉嫌揮拳打示威者一事。當年時任警務處處長李明逵，被問到警察在甚麼情形下可揮拳打示威者時，李表明：「沒有情形下，警察可以揮拳打人。」Benjamin指，香港警隊曾經形象非常好，對團隊管治非常嚴格，現在卻完全包庇屬員使用暴力，明言要向國際法庭聲討、追究警暴。

　　話口未完，Angus忍不住插話，他覺得在政府心目中，警隊地位超然，警權可以無限放大。這是因為他切身的經歷，由於只有警察才可翻閱刑事定罪紀錄資料，海關拘捕疑犯後都要去警署做保釋，但警員的態度往往非常差，「覺得你比我低級，覺得你增加他們工作量，可以的話，我都想自己做保釋，不用去警署啊。」

死黨投身警隊　兄弟情不再

　　兩人最要好的圈子中，有位相識10年的中學死黨在2019年6月學堂出班，從此穿上警察制服。運動爆發起初，二人在

6　嚇親：嚇壞。

聚會上仍會肆無忌憚地討論警暴，死黨總是一言不發，從不表達政見，是黃是藍無從稽考。但死黨曾說：「假如上司叫我出去打人，我都會出」，這個回應叫人失望之餘，亦像惡夢般敲醒他們，三人情誼一去不再。

「已割斷聯絡，自己接受不到。」Angus沮喪地說：「運動剛開始時，我覺得他做警察，但不出去打人，完全沒有問題，彼此關係不會因為職業而影響。直至有次，我看到警暴新聞後好嬲[7]，於是在WhatsApp group告訴他⋯⋯其實自己很想破口大罵他，但又不知應該說甚麼，很無言。」當時警察死黨回覆說：「如果我會令大家不愉快，不如退group。」

Angus承認個人無意間，會將對警察的仇恨發洩在死黨身上，內心其實知道對方比較無辜，但實在無法完全將兩者分割，「假設你看著同事毆打示威者，而一聲不吭，與共犯有何分別？警暴問題並非單純講道德與否，事實是已犯法，如果上司要我同流合污，我寧願辭職，始終過不了自己良心。」

就好像破窗效應理論（broken windows theory），以一幢有破窗的建築為例，如果那些窗沒修理好，會引來破壞者破壞更多窗戶。Angus直言，明白警方站在前線執勤，壓力非常大，但上級不斷包庇及縱容，沒有人可以在魔鬼引誘下，仍保持良知，「譬如蒙面就是一個權力引誘，容許警方打人原來可以沒事，那我為何要忍？面對一個放任的權力，敗壞風氣只會一直蔓延開去。」

7　好嬲：很憤怒。

Benjamin說，如果這刻原諒警暴，會對不起已離世的抗爭者，但他相信仍有良心警，「試過有一次，一個後生仔與父親因政見鬧不和，聲稱要去跳河，當時一位CID雜差冷冷地講了句『屌！阻撚住晒。』[8]但也見到有個年輕警察，很用心地周圍問有沒有見過這名後生仔，又詳細地描述個人特徵，將收集回來的內容抄底落簿。」

昔日同窗篤灰　白色恐怖籠罩職場

Angus批評，政府所謂的政治中立，亦非真正中立。「接受你罵暴徒，但接受不到你罵黑警，親政府他們又很welcome。政治中立只是想你當一個藍絲，不反對你出席撐警集會，高層高調表態支持警察ok，但低層講一句話支持示威者就要停職？」他認為政府要求公務員由civil servant變成government service，唯命是從能容忍行為犯法，這讓很多

8　屌！阻撚住晒：操！阻礙我們時間。

公務員感到迷茫。

海關部門中，年輕關員大多是黃絲，看新聞時大家會暢所欲言罵政府、罵警察，藍絲往往不作聲。上級試過逐個關員叫入房，勸喻他們不要出去集會，Angus不諱言從未想過公務員集會有近四萬人參與，多人到塞爆中環遮打花園，非常震撼，「看到自己人都反你，可想而知政府出現多大問題。」他指出，政府內部一向有白色恐怖，始終公務員是政府最後一道防線，「如果連公務員都對著幹，政府真的玩完，故才來硬的一套（宣誓及停職）。」

社運後期的非法集會及遊行，二人已甚少出去，Angus明言：「始終濫捕升級，公務員身分多制肘[9]，有海關同事只是路過都被捕，上面沒問清楚便直接停職。又有關員因在Facebook分享支持示威者的言論，帖文又牽涉警員的個人資訊，事後被篤灰[10]，即日被叫返總部問話，幸好最終不用停職。」

消防處則相對保守，Benjamin指同事間不會聊政治，雖然年輕一輩比較支持示威者，但始終老一輩話事，對方多數支持建制及政府，更會稱呼抗爭者為「曱甴」，故大家往往避談防止爭執。部門對被濫捕屬員亦極不支持，有同事在已批不反對通知書的遊行中被捕，等了大半年仍未復工；亦有師兄被匿名投訴篤灰，遭投訴散播仇警言論，局方隨即展開調查，

9　制肘：限制和包袱。
10　篤灰：舉報。

結果發現跟事實不相符，「根本就是無的放矢，之後得知是一名毅進警察同學經電郵舉報，簡直無所不用其極！」自此Benjamin多加提防，不敢在Facebook放個人照，又刪除舊工作照、用假名。

2020年4月，逾130名消防處人員被指在網上發表不當言論，須接受紀律調查，當中包括涉及警隊的言論。曾以「甲由」稱呼示威者的消防處處長梁偉雄表示，逾半指控經調查後不成立，極少數涉及刑事的個案則交予警方調查。

有能力的話　都想移民

未來的路該如何走下去？Angus跟很多人一樣感到疑惑，香港人已經做到這個地步，連命都可以豁出去，但當權者卻大力打壓，到底還有甚麼可以做？「你永遠無法叫醒一個裝睡的人，藍絲甚麼都說唔知、睇唔到，不接受認知以外的事，或者有日燒到埋身先知痛。」

他確信電影《十年》的劇情就是香港未來，有能力的話，他也想移民，「我們只是不幸生於這個地方，香港人已用盡所有方法發聲，差不多到極限，就算他日真相未必傳到下一代，但我們被政府放棄的一代人，一定不會忘記。」

「人民不應該害怕政府，政府應該害怕人民；公務員並非幫政府打工，而是為人民服務。」

註：本篇兩位受訪者均使用化名。

煙硝下的小人物

9.21光復屯門侮辱國旗
樂天青年願與香港共輸贏

07.2020

「我入咗去[1]就可以公開段報道喇！」凌晨兩時半，我收
到阿樂的短訊。

1　入咗去：坐牢後。

此圖為10.1港島情況。

21歲的阿樂在2019年9月21日「光復屯門」行動涉嫌侮辱國旗，當晚在元朗遇截查意外被捕。原本他被判社會服務令，但律政司申請覆核刑期，終被改判即時監禁五星期。他和父母、家姐、朋友一起步入法庭，最終剩下他一人走入犯人欄，登上囚車離開。他事後回想：「焚燒國旗其實沒甚麼意義，都只不過是一塊布，當日應該做的卻沒有做到。」

自幼在單親家庭長大，他形容以往跟家人的關係比較疏落，但因為這場運動，大家「啱傾咗」[2]多了話題，會一起鬧政府。今次經歷，他坦言對自己沒太大影響，「除非移民，但不會了，因為太窮了，如果香港贏了，我為何要走？如果香港輸了，大家仍在打仗，我又怎可離開？」

「我只是企前少少，不算勇武」

六月危城，決定返港。阿樂原本六月參加了內蒙古交流團，但目睹香港反修例的情況，決定與友人自費離團提早返港，不料一腳踏進這場運動的洪流當中。他憶述「612」當日都在場，但自己「只是企前少少，不算勇武」，因為香港人一直都很和平，要由「食腦」[3]去到「打仗」，跳出能力範圍，並非人人做到，那時候自己也「跳不出」，一些衝擊、破壞等行為始終做不出。

直至2019年9月21日「光復屯門」當日，他以一身黑裝

2　啱傾咗：投契了。
3　食腦：靠聰明。

出沒屯門大會堂一帶，見到有人扯國旗下來但「扯極都扯唔到」，於是上前看看有甚麼可幫手。根據案情指，當日下午3時許，阿樂連同兩名不知名人士，以火槍和紙巾燃點國旗，並踐踏焚燒中的國旗，若兩分鐘後離開，有直播片段拍攝到被告行為，康文署職員亦從閉路電視目擊國旗被扯下。

　　他事後回想：「焚燒國旗其實沒甚麼意義，都只不過是一塊爛布，應該做的卻沒有做到。」他解釋，「光復屯門」的原意應是趕走涉及噪音滋擾、非法行乞和不雅舉動的「表演者」，最終他卻沒有做到這些「正經事」。離開現場後，他沒想過被捕，遂轉場到元朗參與「721恐襲」兩個月集會。不過，他記得8.21時曾有鄉黑出現打人，於是9.21當日他就帶備士巴拿[4]，萬一再有鄉黑[5]施襲時，都可以「頂兩嘢」[6]保護大家。

　　沒想到，鄉黑沒有出現，卻被警員截停了。他身上被撿出士巴拿，雙手被扣，帶上警車，那一刻，的確很害怕。幸而，同行朋友被截查後獲放行，總算有人知道阿樂被捕了，未有落入「失蹤人口」名單當中。由元朗帶到上水警署，曾被警員罵他「人渣」，喝斥一些很難聽的說話，但他說接受到，起碼「好好彩」[7]沒有被人打。原來今天社會，沒有出現不人道的情況，已成難能可貴。

4　士巴拿：扳手。
5　鄉黑：鄉士黑社會，意指7.21元朗襲擊的施襲者。
6　頂兩嘢：稍稍抵擋。
7　好好彩：很幸運。

就在拘留期間，警方左看右看他身上的紋身，無意間認出他正正有份在同日下午燒國旗，不足48小時就已經轉到屯門法院「過堂」，被控一項「侮辱國旗」罪及一項「管有適合作非法用途的工具並意圖作非法用途使用」罪，後者罪名後來獲撤控。面對參與反修例運動的被捕風險愈來愈高，他承認曾經都有想過會被捕，但就沒有想過會因為國旗而被捕。

被捕一刻，阿樂坦言感到很絕望，一心只想盡快完成程序，很想快點走，畢竟被囚著的感覺，沒有人喜歡。他知道當時媽媽曾到上水警署外守候，但警署已經落閘，就在一閘之隔始終沒有看見彼此。直至上庭，阿樂終於看見家人，看見他們哭過的樣子，當刻家人最擔心的，不是告上了甚麼罪名，而是他的身體有沒有受傷。

單親家庭長大　邊學邊做創自家品牌

父母早在阿樂年幼時分開，他跟媽媽和姐姐一起同住，中四出來工作，一邊工作一邊讀書。筆者問他，賺回來的錢是不是給家人要養活一家？他笑著說「咁又無」，不過起碼可以自給自足，不用張開雙手向家人拿錢。自小與爸爸分開，他形容兩父子「唔啱傾」，但一直都有保持聯絡，今次自己出事，爸爸亦知情，輕輕「唉」了一聲。他引述爸爸形容自己都是「黃」，但每次遊行卻只坐在家中看著電視直播，對阿樂來說：「我覺得唔得囉！」

幸好，媽媽是「深黃」，總算有人跟自己同仇敵愾。他坦言，以往跟家人的關係較為疏落，因為這場運動，反而令大家

多了話題一起鬧政府。被捕至今，媽媽也沒說過他一句不是，而且用上最大的能力幫自己，幸運的是有人支持他，給他自由度。

中學畢業後，升讀IVE基礎文憑進修設計，不過他去年決定放棄繼續升學，始終自己不喜歡讀書。話雖如此，他創立了自己的品牌「鬍鬚魚」，創作過布袋、印章等手作擺賣，更獲商場邀請開市集擺檔。筆者問生意好嗎？他卻認為，擺檔的意義不是為了賺錢，而是為了宣傳，讓更多人認識自己的品牌。今天未必賺很多錢，但目光卻沒有停留於此。

他說自己喜歡「怪」的事物，喜歡魚，也喜歡海洋世界，總覺得魚是被遺忘的一群。在他的作品當中，出現過「如果魚兒有手有腳會吸煙」、「蝴蝶翅膀的海馬」、「拿著劍的蝌蚪仔」等，動物世界配上人性化的表現，其實未嘗不可。可惜商業的創作，往往未必容得下他筆下的世界，如今他更追尋紋身師傅的夢想，也許題材可以更破格，走進他的海底世界，不過要當上一個紋身師傅，還需要至少一年時間和金錢，所以在現實中，他也是位侍應和咖啡師。自從他被捕後，「鬍鬚魚」的社交專頁就沒有再更新了，不知「鬍鬚魚」何時再會游回來？

轉化角色　樂天知命

被捕後，他坦言的確少了很多參與這場運動，即使獲不反對通知書的大遊行也不太敢參與，很怕活動被腰斬，由合法變成非法。如今社會對這場運動的反應看似冷淡了，他最害怕的是，當權者趁機「抹走我們所擁有的一切」，但都會想想自

己有甚麼可以做，例如他讀設計，可以幫忙設計文宣，說到這裡，他不禁沾沾自喜說：「我設計嗰張好多人share㗎！」

　　朋友形容他樂觀，他就說自己是接受現實。判刑前夕，筆者問他準備好了嗎？他說，準備好了，這一刻，感覺反而是「要來就來」，希望快點判刑，不想再拖拉糾纏下去。每天醒來的世界都不是味兒，如今發現，每一日睡覺是最美好的片刻。他最想多謝幫過這場運動的每一位，也感謝家人、朋友和律師，今天雖被捕，但卻份外感恩。

後記：

訪問時，他說自己的故事很平凡，但我想說參與這場運動的每一位都很不平凡。

煙硝下的小人物

勇武抗爭變旁聽相伴
寒蟬下的灰心質疑

06.2021

　　26歲石仔（化名）是土生土長的香港人，去過外國讀書取得碩士，還找到外資公司的工作，本有一條康莊大道，可以安穩過日子。不過，由反國教到反送中，他都有走上街頭，經歷槍林彈雨，更在理大圍城初嚐何謂「戰爭」，令他精神崩潰。這兩年來，他當上旁聽師，看著一個又一個昔日戰友入獄，心情既失落又灰心，特別是黃圈中亦充斥紛爭，「好多意見衝突，無論是留或走、藝人表態與否，每次爭論時，內心更加劫[1]。」

1　劫：累。

香港大學學生會校園電視圖片

在他心底裡，當然想有更多人表態、很怕手足被遺忘，因爲安全感在今日鴉雀無聲的社會，變得異常重要。「安全感是一份認同，在噤言消聲、遊行被禁、人人說移民的情況下，根本看不到還有多少人仍在堅持。」石仔感慨：「好無奈，灰心甚麼都做不到，我最大願望已經不是爲了追求民主社會，而是希望手足平安、可以沒事，但政治逼害越來越多、越來越恐怖，手足可能整輩子都被囚禁，我眞的不知如何是好。」

他亦害怕同路人追求娛樂而淡忘現實，「不是吃黃店、聽Mirror、看Error就支持了黃圈，民主派初選47人案審訊，旁聽聲援排長龍，但其他手足呢？曾有200萬人遊行，卽使只剩100萬人，都夠坐爆每天手足的開庭案，很多案件因爲無人去，手足不知道仍有同路人支持，有些前線手足也怕變成眞正的condom仔。」

7.1與女友生離死別　10.1與槍彈擦身而過

「可能有一兩場無去，8月24日觀塘遊行那次，感冒眞係

146

搞唔掂[2]。」絕大部分遊行集會，石仔幾乎從不缺席。運動初期，他主要擔當分流、物資運送的角色，派發數千個頭盔眼罩，安排車隊上落，每次衝突過後，見到物資散落一地，他會大嘆：「好浪費！」

2019年7月1日，香港回歸第22年，當日他凌晨5時已經抵達金鐘政府總部、立法會一帶，搬鐵馬和雜物佔據龍和道、添美道和夏慤道；晚上用鐵枝、垃圾回收鐵籠車，撞向立法會大樓的落地玻璃。香港立法會歷史上首次被示威者佔領，有抗爭者在會議廳內宣讀《香港人抗爭宣言》，提及香港市民由6月起前仆後繼，各盡其力，或和平、或理性、或奮勇、或受傷流血，懇求政府撤回修例，但政府置若罔若，甚至以民為敵，促請港府及時回首，落實五大訴求。

為了尋找失聯的朋友，石仔入過立法會大樓，但沒有走入議事廳。「那時都驚，可能要坐10年又或者屠城，不過對比後來做的事，當然不算甚麼啦。」同行女朋友在立法會大樓外的「煲底」等他出來，當刻如同生離死別，「喊住叫唔好去」、「唔好死」……翌日凌晨12時警方清場，佔領立法會歷時三小時，他形容當日很辛苦。

2019年10月1日，中華人民共和國70年，那天，香港各區動盪不堪，煙火四起。石仔當日在荃灣，全日留守海壩街及沙咀道，衝前過幾次，警民對峙很長時間。「突然聽到好清脆巨響，完全不知發生甚麼事，直至手機彈出新聞，才知道『健

2　搞唔掂：應付不了。

仔』中槍,更是第一次警察開實彈真槍。」

從新聞片段見到下午4時10分,大河道一號休憩處附近,一名防暴警拔出手槍追捕中五學生曾志健,並在不足一米距離用槍指向對方。曾志健舉起手中白色短棒,防暴隨即開槍,曾志健左胸中槍倒地。同場另一位示威者邱宏達聞槍聲後,即折返對警員高喊:「先救他,他中槍了」,但警員未有理會,曾志健中槍近15分鐘後,才有救護員趕到,警員形容開槍是「自衛」。

幾日之後,10月4日反《禁蒙面法》示威,元朗有便衣警被包圍,槍中14歲少年大腿,石仔當日也在場,「嬲到爆,警察完全無人性,最不開心見到手足受傷,因為他們都是自己人,好似屋企人,大家都是無私走出來,不是因為有人工加。面對武力不對等,他們非常無辜,也驅使我要做得更多。」

多次與死亡擦身而過,真的不怕死嗎?他覺得生於香港有種責任,「世界內外都是監獄,唔係你出去,就係鄰家的孩子出去。」

香港大學學生會校園電視圖片

回中大母校護城

11月4日,科大生周梓樂在尚德停車場墮樓,頭部重創送院,直至11月8日終告不治。墮樓真相成疑,觸發連日不合作運動,目標癱瘓全港,強制「大三罷」。11月11日清晨「黎明行動」,示威者堵塞吐露港公路和東鐵線,警員闖入校園發射催淚彈及拘捕學生,為中大保衛戰拉開帷幕。

張凱傑攝

石仔是中大畢業生,去過很多地方抗爭,這次卻要回到母校守護山城。「11月12日破曉行動最辛苦,由中午12時直落到翌日凌晨5時,警察在二號橋狂射大量催淚彈、橡膠子彈、海綿彈,子彈從未停過。講真,中彈已算小事。我最多中橡膠彈、催淚彈燒穿衣服,不算甚麼傷。但有些畫面永遠忘記不了,一路看著身邊戰友中彈倒下、流血被抬走,有些中彈仍繼續頂硬上,非常難忘,亦好心痛。」

校方斡旋調停不果,11月12日晚上10時開始,警方水炮車向校園發射催淚水劑,防暴警察連珠砲發向校園發射催淚彈,示威者投擲燃燒彈還擊,也用床褥和餐桌抵擋水炮彈藥。最終警方單日向中大狂轟逾2,000枚催淚彈、橡膠彈和布袋彈。那夜,在火光和彈藥面前,學子死守了校園。

張凱傑攝

「在水炮車之後，個個都全身濕透，一齊除衫在草叢用澆花器沖涼，希望減輕皮膚的灼熱刺痛。凌晨12時左右，我躺在夏鼎基草地上，終於看到自己的朋友，那時才真正放心下來。打足全日無食過嘢，疲憊不堪。」

對他來說，中大算是護城成功，之後數天，他分別到各大校園駐守，包括浸大、城大、理大等。

一場真正的戰爭　被困者躲檯底睡

緊隨而來的理大圍城，石仔一人走入校園支援。11月17日，警方和示威者對峙足足一整日，入夜後，理大各個出入口開始被警方圍堵。「知道被圍後出現意見分歧，有人叫出去投降，有人又話繼續打，其餘人根本無暇討論，因為最前線不斷

換人輪更打。原本早上在理大正門、過海隧道巴士站及公路天橋，三面都有人守，但到凌晨只剩下正門防線幾十人，全部人已筋疲力盡。」

「中彈都有機會再打，被水炮射中更無得逃脫，真的很痛，而且天氣凍，不少人沖水後出現低溫症，變成『老弱殘兵』，動彈不得，應該要送院，但白車都沒有。校內非常污糟，打理很差，但廚房一直運作，基本上打完一整天就去領飯吃，之後再出去打，來來回回。」

他形容圍城後軍心大亂，戰友忐忑不安，加上11月18日清晨5時許，速龍小隊一度攻入學校，有示威者被捕，校園內一遍雞飛狗走。「當時我近新翼大樓與一名記者聊天，忽然聽到爆炸聲，正門的手足不斷湧入校園內部，大喊黑警殺到，到處充斥催淚彈，我已經累到無戰鬥力，隨人群走入一棟大樓休息。」

最崩潰的是，他走入一間有幾排長檯的房間，黑漆漆以為沒有人，怎料推開門就有人叫他，不要出聲，「我問可否留下來，他們說可以，但所有黑色物品、豬咀等，都要棄置門外，結果連身上唯一一件外套也拋掉了。」

一小時後天亮了，他才發現房內原來有十幾人睡在檯底，對他來說，這個畫面比漫天催淚彈更震撼，「極震驚，不斷反問自己，到底我在幹甚麼？香港是一個怎麼樣的城市？現在發生甚麼事？完全是戰爭，內心衝擊很大，因為只有電影戰火連天，小朋友才需要躲在檯底。」

爬渠爬公路不果　爬山坡遇師奶潛入尋子

　　天光後，被困者商討如何離開校園，有人組成小隊突圍而出。早上近8時第一次突圍，他由理大正門走出暢運道，嘗試用雨傘陣推進，但防暴警連環發射催淚彈，人們根本不得不後退。中午12時許，他再嘗試從漆咸道南突圍，戴上防護裝備的只有前排幾十人，後排全部人都是赤手空拳硬衝上前，他也只是身穿了一件白色Tee，差在未有大叫投降。

　　「好多人好驚、老弱殘兵又多，見到旁邊的手足受傷，脫下面罩竟是一副小學生樣，場面慘烈，亦非常難過。射不中你，可能只是因為前面已經有人中彈，為你擋了一下。」多次突圍失敗，校園內籠罩著一股低氣壓，被困者開始商討另類方法撤退，例如爬山、穿水道、由天橋游繩而下等，從未想過的可能。每到一個有可能的「逃生點」，他們就會排隊輪住試。

　　第一次，他嘗試爬坑渠，但環境非常惡劣：「真的忍受不了，覺得是死路一條，臭氣沖天之外，我都不識游水，水位非常深。見到有人落去水道之後，也折返爬上來，在水道裡是生是死，根本無人知。」

　　第二次，他試爬欄杆上公路，但路線不是死胡同，就是找不到對應出口，只好作罷。

　　第三次，他爬山坡成功逃出，「Z Core大橋旁有條電梯，落去後爬過山坡，便可到達高速公路——康莊道。連同前面一行人，大概八人小隊，我走最後。大家沿途不停『捐狗

窿』[3]，爬過第一個山坡後，去到一個斜坡草叢，走最前的人驚動了警察，隨卽被追趕。」

由於引來警察巡邏，他只能伏身躲在高速公路之間的草叢，並在潛行時遇上一名趕入理大救兒子的師奶，場面滑稽又叫人無語。貌似40多歲的師奶不斷搭訕，他苦笑回想：「直頭叫救命，風頭火勢下，不斷求她不要出聲，免得被人發現，但對方講極唔聽。」師奶想入理大，全因兒子被困校內，很想知道石仔如何爬出來。

「當時我全身泥濘，雙手擦損震得好厲害，狂流口水鼻涕，非常狼狽，連話都說不清，師奶遞上電話錄，記住我條路線。」兵慌馬亂時，這位母親甘願冒險，仍想闖進孤島。

奇遇過後，二人各自繼續上路，師奶最終的下場不得而知，而石仔亦成為「落單」一人。當時他身處公主道的草叢，由於公路兩面警方均設下路障，中間行車緩慢，試過招手截車不果。「好似玩捉迷藏，見防暴行開，便在泥濘中匍匐前進至下一個草叢，每個草叢都逗留近五至十分鐘。」

慌張逃命愈見絕望，他打開WhatsApp向家人、朋友，發定位呼叫求救。「本身到某個位置會有出面的手足接應帶路，但我蕩失路，領路人已經跟前面手足離開。眼見無路可走，打算行去前面路障自首，走著走著竟發現有條防洪斜坡，而且有條繩。游繩三米下去後，發現起碼有逾百人等接仔，然後我跑

3　捐狗窿：像狗般爬過一個個遮擋物。

向何文田愛民邨離開。」

被困者一直從各種「秘道」散去，他估計高峰時理大被困人數有近2,000人，但他離開時已走近大半。回顧逃生經歷，他搖頭茫然：「情緒陷入最低潮，想不透發生甚麼事，校園槍林彈雨，每秒盡是槍聲，士氣低落且充滿恐懼。」

對於理大外「圍魏救趙」的人，他亦心中有愧，覺得對不起手足，「打生打死為救城內的人，坦白講，我覺得不值得。」

昔日討厭泛民主宰運動

石仔很早已經行得很前，2014年雨傘運動時，他長駐旺角佔領區，但被批評是「內鬼」搞分化，也曾因非法集結罪被捕，拘留近43小時，那時只得18歲，一樣會很驚，幸而最後「踢保」成功。他說當時喜歡旺角、不喜歡金鐘，認為「左膠泛民主宰整場運動，又與勇武割席、set agenda，你明知雙學背後是泛民操控，扯線公仔真的好核突。」他覺得主張「和理非」的抗爭模式不一定錯，但「會否有更好方法，例如勇武抗爭呢？」

他說，當年佔領了一段時間已經知道，這個手法沒有用，「上台演講界掌聲，大台式抗爭唱歌鼓勵士氣，但單單都這樣做，對事情毫無幫助。明明有民意支持，政府又一直不肯就範，為何不推多步呢？」

周滿鏗攝

　　關鍵要有創意，願意求變，方能推進民主化運動。例如8月11日有少女「爆眼」激起全民震怒，之後8月12日出現「警察還眼」集會，萬人塞爆機場；理大圍城後，亦成為區議會選舉變天的助燃劑。他覺得不斷改變抗爭模式，才有機會觸發一個新改變。「不是知道下一步可行才去試，而是明知上一步不可行，所以要繼續走下一步。」

　　「每次出去都是一場賭博，看看會否有好改變，不出去就肯定一無所獲。總有一日會試到某個方法得，就算頭500個方法唔得，第501個方法都可能得。原本以為一齊遊行先得，8月5日全港三罷七區開花又work，後來愈開愈多到18區發現唔work，咪再諗方法。」

親歷無大台淪野貓式抗爭

　　這場反送中運動，出現千變萬化「如水」的示威模式，市

155

民巧用「連登」動員、Telegram通訊、AirDrop宣傳，抗爭滲入每一個角落。另一個特別之處是講求「和勇不分」、「兄弟爬山各自努力」，社會大眾對激烈的抗爭行爲，明顯提高接受程度。七一衝擊立法會後，他曾經想過「明天左膠會割席，民主黨會出聲明譴責，吳志森又要罵人了⋯⋯怎料第二日竟然相安無事，個個哭說感動，難忘『齊上齊落一個都不能少』那一幕。」

他喟然長嘆：「終於有人明我的感覺了。」

他認爲，無大台可以避免有人擅自解散運動，大家猜不到接下來的發展，互有攻守，但弊端是勇武抗爭很容易走到樽頭。「目前最大挑戰是，野貓式抗爭在毫無領袖下，缺乏組織力，對政府的實質影響不大。警察在戰術上永遠優勝更多，他們有部隊、不同警員有不同功能，但大多抗爭者在現場不知要做甚麼，無法知道共同目標。講好下午3時衝，到底是3時正還是3時05分呢？無人發號施令，等如無法將能量最大化。」

這場運動，香港人經歷前所未有的團結；運動過後，偶爾又會出現「人血饅頭」、「鬥黃」等指控，就像「捉鬼」、「分化」重現，他感到相當無力，唯一只能提醒大家勿忘初衷，無論前線或和理非，都不應互相指責。他既是勇武抗爭，又會貼文宣、運物資、舉辦記者會，每個人都有不同難處，不同崗位難以完全割裂，要學懂體諒。「正如以前我極憎泛民，但今次又會讚許智峯、鄺俊宇、區諾軒。」

變得悲觀　盼看見同路人

一年前，石仔說過：「理念未成，將來仍會堅持出去，但會否上返第一排，坦白講是有陰影，要慢慢來。我相信這一代人經歷過戰火，將來亦會憑志力繼續走出來，支持下一代。」

一年後，他承認自己變得更悲觀，「以前覺得回復香港光景後，手足自然平安，但現在覺得甚麼都做不到，連手足平安都保證不了。甚至對勇武抗爭的取態也有改變，我已經不想再見到手足坐監，尤其涉及槍械案那些，除非20萬人有死的覺悟，否則只是多一班人坐監，這樣我寧願一世沒有民主，我不想再看到政治逼害，再有無辜的人坐監。」

此時此刻，他認為「見到」很重要，即使只是一群人穿黑衣、上街閒逛，至少讓大家知道仍有同路人信守，彼此的安全感更大，能堅持得更久。

他說自己早被「點相[4]」，曾經懷疑被警方跟蹤，坦言不知哪一天會被拍門拘捕，但他依然選擇留守家園：「就算香港不再是以前那個香港，就算她要死，我都想自己在這裡見證。」

因為在這片瘡痍土地上，還有讓他心痛的手足在囚，永遠都放不下。

4　點相：外貌已曝光。

煙硝下的小人物

前線巴父親愛犬離世　失戀又失業：
「回復香港光景就是我的前途。」

03.2020

「民不畏死，奈何以死懼之。」90後阿遲（化名）在理大圍城後紋上這十個字，黑壓壓地湊在一起，提醒著自己。這兩年，他經歷了很多，如同魔咒一樣，親睹前線慘痛，先後經歷父親去世、愛犬離世、失戀、失業，跟香港一樣，失去很多。

單親家庭長大的阿遲，每月只會跟父親吃兩三頓飯，因父親在深圳另有一頭家；他跟母親同住，關係不算親密，當看護的母親需要夜晚輪更，彼此有著不同的生活規律。阿遲形容抗爭以來，所經歷的一切完全是「黐線[1]」，但未曾有一刻想過不站在前線。「2019年8月，老豆患上肺癌，來得好急11月便去世了；之後爆發中大保衛戰、理大圍城，每晚只睡得兩三個鐘，經常失眠，覺得現實比發夢還恐怖。」

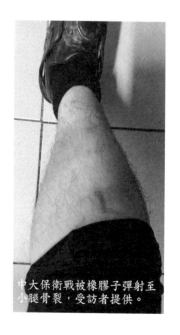

中大保衛戰被橡膠子彈射至小腿骨裂，受訪者提供。

1　黐線：神經病。（台語：丟搞）

158

　　黑暗中從未等到光，「2020年農曆新年初二，與女友吵架分手。對方擁有澳洲籍，覺得我衝前線沒想過將來，但我覺得回復香港光景就是我的前途。叫我移民？普通話、英文都差，走得去邊？」

　　甩拖[2]不久，2月底養了9年的愛犬因病去逝；3月受疫情影響，公司裁員令他加入失業大軍。連番打擊下，他不禁苦笑：「這半年真的很難捱，但如果現行制度繼續走下去，我將來連生存空間都失去。這場運動，是為自己拼搏。」

　　將香港和自己未來劃上等號，投入社運以來，他永遠沒有底線。中大保衛戰時，他被橡膠子彈射至小腿骨裂，連月來不時引起疼痛，每次傷痕累累回家，可擔心有天獻上生命？他略為一頓說：「死都死得光榮些啊！」

中學生前線抖震蜷縮身體　難過內心關口

　　阿遲由十年前開始參與社運。2011年，他的朋友代表人民力量參選區議員，他因為拉票活動而慢慢留意政治；2014年9月28日，當日他在公司電視看著防暴警察不停向示威者投擲催淚彈，收工後馬上跑來現場幫手，後來還組織同路人開設Facebook專頁「Error 689」，除講解政治議題，還製作「Error 689」T恤，成為一時熱話。

　　絕望是奮鬥的動力。他認為絕望來源於政府，對所有政策

2　甩拖：失戀。

愈來愈絕望，最絕望是你能得到甚麼？「在香港結完婚，如何買樓？政府助長炒地炒樓推高樓市，去旅行都知香港物價非常高，放假想去旺角、銅鑼灣、尖沙咀行都行不到，一天比一天絕望。民生做好無人反你，首先要有民生基礎才會講人權；現在人權沒有、民生欠奉，完全是逼人反你。」在他眼中，衝前線至少能引起人關注，提高政府管治成本。

每場示威他從不缺席，但打起上來往往孤身一人，「朋友不似我走得那麼前，去到現場會分開，他們主要做哨、幫手換裝、收藏裝備，而我就樣樣做齊，無論是和理非抑或勇武，總之有地方需要我就去。」

每次上前線，受傷是意料之內，但內心的激盪卻是意料之外。6月15日梁凌杰跳樓，令他最大衝擊。「那天本身在旺角睇戲，入戲院前看到新聞有人想跳樓，怎料踏出戲院時，真的跳樓、真的死人！當時整個人發呆、好震驚，完全反應不過來，沒想過真的有人以死相諫。」

周滿鏗攝

　　後來8月11日，一名女生在尖沙咀警署外，疑遭布袋彈擊中導致右眼球爆裂、上頜骨碎裂，血流披面送院，事後右眼視力受損。那夜，一直留守警署外的阿遲說：「我看著她被射爆眼，那種震撼是……雖然看不清動作，但那種震撼是心裡驚叫了一聲『嘩』，我以為她當場爆頭死掉了，覺得好恐怖。」

　　最驚險一次是，8月31日民陣遊行被逼取消，網民呼籲到銅鑼灣行街、維園賞花，水炮車駛進驅散人群時，前線示威者由銅鑼灣糖街一路退到維園時，「大坑行人路突然有警察衝出來，一直擋住前線，四處有人叫『走啊！走啊！』我一擰轉頭就跌倒，後面已有一排防暴，我完全無處可逃，被捉住手臂後猛搑甩，跑沒兩下前面又有兩個警察等我，他們捉住我的背囊，用警盾打了我幾下，再被幾個警察同時圍打，當時只有個想法：『死硬了』。」怎料盾牌撞開了背囊上的雨扣，令他有驚無險地逃脫，換回人身自由。他說今日還有學泰拳，要保持訓練。

　　驚險而不畏縮，皆因看到10多歲的學生都要走上前線。「有次因中大出事，外面有人包圍旺角警署，有對情侶看上去約15、16歲，戴著豬咀踎底[3]，一把防護傘都沒有，兩對手臂完全沒有肌肉、非常瘦削，女仔雙手不斷抖震、身體蜷縮一團。這些畫面實在不忍心看到……我上前線其中一個原因，就是不想他們年紀這樣小就要抗爭，我過不了自己的心理關口。」

3　踎底：蹲下。

警察唱《願榮光歸香港》　訴說理念對方法錯

11月17日，警方圍堵理工大學，示威者頑力反抗，雙方以水炮車、催淚彈、橡膠子彈、汽油彈、磚塊交戰，足足一整日。那天，他沒有入理大，因為他覺得「根本不可能防守，周圍都是馬路，死硬。但叫走人會被批評分化，全部士氣高昂，以為撐到一晚就頂到第二晚，面對警方不停增援，幾條主要幹道嚴密布防，你如何守？」最終，逾千人被困校園。

翌日晚上他跟很多香港人一樣，各區「開花」試圖「圍魏救趙」，不停找路入理大，有示威者見到尖沙咀韓國街只有20個警察築起防線，決定從這邊攻入去。未幾，一架貨Van衝過來，傳來如雷貫耳的「啪啪啪」聲，所有人頓時措手不及。「擰轉頭發現，貨Van開了車門，防暴用槍掃射我們，距離僅10米內。之後衝下來拉人，我一邊跑一路被掃射，中了胡椒彈，但不算太痛。」

不過，他第一次被捕卻非因為站在前線，而是一次和理非活動，阿遲形容整個過程「幾好笑」。12月網民發起「和你Shop」，在尖沙咀海港城、銅鑼灣Sogo、旺角Moko及大埔超級城等大型商場聚集，「我和朋友兩個人出去閒逛，美心旗下咖啡館理所當然成為『裝修』目標，當時一班黑衫人叫大家入去坐，我們行街Look、戴上普通口罩，身上有個6800防毒面罩，打算幫手把風。」

「坐了不久就有警察上來，原本將豬咀收藏在後樓梯，但心想一個豬咀都千幾元，不捨得就此棄掉。眼見警察正由頂層

掃下來，我便提議上返去取回物資，一路都安然無恙。離開時可能心急，連落兩層樓後，剛好撞上一堆記者和警察，結果被截停搜查。」

結果他被押上警車送到旺角警署，還聽到幾位警察唱《願榮光歸香港》，「應該想套我料，一直扮到很友好。」他指出，在拘留所認識其他手足，有人因為腳踢Starbucks櫃門而被控刑毀，有人為保女友同被捕，被警察威脅如果不認罪就「搞你條女」，不得不低頭。「當時我腦海只得一個想法，想盡早出去。」24小時後他獲准保釋，隨後亦成功踢保。

在警署羈留室時，有位年紀比他小的警察說，認同他們做的事，理念對但方法錯。他內心敲問的是：「和平示威能換來甚麼？」他相信時勢使然，「當打壓愈大，革命就不再是口號，而是植入每個人的內心，原來有班人真的不怕死去衝，香港人已不能再回頭了。」

捉鬼傷感情　盼打破舊僵局

由傘運到反送中，他親身見證這兩場時代運動，最大分別是香港人變得團結。「傘運早已試過衝擊立法會，當時卻被人罵走，指責我們是鬼。今次運動，認同勇武抗爭的人多了，多少覺得舊方法不可行，盼以新希望去打破舊僵局。」

反送中抗爭者正是以「無大台」，作為一種團結力量。「沒有大台雖然難組織物資，要靠自己想方法，但方法一定會有，這亦是龍門冰室彈起的原因。有大台容易被滲透及出現內

訌，現在去或留交由前線決定，個人承擔風險，沒有人左右決定反而更自由。」

10月1日中華人民共和國建國70年之際，香港「六區開花」多區激烈衝突。那天，黃大仙龍翔道清場後，爲找回失散朋友，他全身Black Bloc、戴上豬咀及頭盔，提著幾把雨傘，褲袋插上一枝伸縮棍，到處遊走。「有個師奶路邊泊車做校巴，我上前問知否附近還有沒有手足。她反應超大：『嘩！你拎住伸縮棍，是不是警察來？』我卽刻躁底回話：『警察會不會用這些劣品啊？如果你要捉我是鬼，我何不先拘捕你。』」

他覺得香港的抗爭歷程，很早開始就認定「衝」就是

「鬼」，分化從未歇息，因此自己從不「捉鬼」，因爲「最終只會傷害自己人的感情，好撚[4]hurt。」不過，警方正是看中這點矛盾，往後多場遊行示威，亦派出喬裝示威者的便衣警，拘捕前線示威者。

少年組車隊撼白衣人　時代逼人成長

　　沒有大台下，Telegram成爲其中一個主要的溝通平台，讓同路人組織和動員起來。阿遲有加入一個私人群組，在2019年7月成立，Admin只是一個「10幾歲 仔[5]」。

4　好撚：非常。
5　嘅仔：少年。

張凱傑攝

「有天，我在Telegram公海問有沒有人出旺角，仔私信我約出來見面，最初不太相信對方，於是躲在麥當勞先觀察下，見 仔一個人正正常常，才敢行出去。」後來兩人成了拍檔，有次旺角清場，示威者由彌敦道退到山東街，警察兩邊包抄，他唯有跑上唐樓天台暫避，「幾乎每次走不到，都是 仔Call車載我走。」

7月21日港島區遊行，示威者在中上環聚集，「當晚上環清場後，看到元朗西鐵恐襲直播，好似需要人幫手， 仔在現場幫我Call校巴打算一齊入去，最終成功組織10幾架校巴入元朗。原本以爲相安無事，怎料有30個手足躲在麥當勞不敢出來，外面企滿白衫人，幸好見我們人多，白衫人沒有動手。」

他笑言：「個 仔就犀利了，那天開始在Telegram組織了車隊，而且要抄人車牌、身分證，信得過才能入Group。之後他還兼顧物資組，我成副裝備均由他配置，真的不知道他爲何有如此能耐，大概時代逼人成長，好纜線。」

一個十多歲的青年，被時代逼迫成長。快要三十歲的他，也看不到香港的未來，慨嘆現在有點像垂死掙扎，抗爭延續下去，只會更多人被捕，不似烏克蘭能有警察倒戈，反過來幫人民，過去警暴所作所爲超越人性底線，卻未有一個警察走出來反抗，這令他最看不到將來。

「就好似踢波咁[6]，一個做錯就成隊一齊輸，警察都是共同責任。」

6　踢波咁：踢足球。

煙硝下的小人物

學生求助老師落淚　夫妻駕車運物資：
「預了車毀人被捕。」

05.2021

　　那年9月，一發不可收拾的反送中運動並沒有止息，隨著開學，千變萬化的抗爭模式延續到校園。學校外連綿不斷手拖手的人鏈；小息時學生對著走廊叫喊的口號；還有那禮堂、那操場高歌的《願榮光歸香港》，一一烙印在香港人的腦海中，也成了那時代下成長的寫照。

生物老師Nelson和英文老師Bonnie在新界同一間中學任教，二人認同社會需有發聲的空間，亦理解前線抗爭者的行為，課餘時也會關心學生的安全。有一次，Bonnie原本嚴肅地督促學生交功課，不料眼前中四男生卻回話：「我有命回來就交給你。」這一句令她頓時茫然失語，不懂應對，內心只留下擔憂和害怕，此後每夜看到反送中新聞時，也生怕看見學生的名字。

很多人說，學校是社會的縮影，群體生活下，有著不同背景的人，也有不同階級和權利，但一樣講求規矩和秩序。往後官方更將社會失序的責任，拋到學校身上。Bonnie覺得，做老師並非教學生盲目守規矩，需要反思規矩由誰制定、有否民意授權、是否符合普世價值，因為教育理應談及普世價值、自由、尊重人權的重要，而不是旨在調教出一班愚民。

群情洶湧時

開學日之前，8月31日太子站有速龍用胡椒噴劑及警棍襲擊市民，令社會譁然和憤怒。他們記得，開學當日有學生在禮堂罷課，校長於是走到禮堂跟學生分享自己的經歷，包括也曾參與合法遊行，讓學生明白一校之長從沒離地。

學生後來響應人鏈行動，每天中午放飯時，也會唱歌叫口號。有一次周會升國旗，有學生突然唱起《願榮光歸香港》，校長在台上呼籲學生尊重不同意見，並指示重奏國歌，事後沒有追究學生。面對社會撕裂，學生群情洶湧時，師生慶幸的，是遇上堅守校園言論自由的校長。

科大學生周梓樂在將軍澳警民衝突中墮樓重創,延至11月8日證實不治。那天對Bonnie來說,人生從未試過如此驚慌。她憶述,學生得知周梓樂逝世後,小息時每一個樓層的學生都在唱歌、高呼口號,「未試過咁大聲,大聲到我在地下的職員辦公室也聽到每一句說話,很震撼。」

同一時間,學校對面的咖啡店竟有警車停泊,更有警察持長槍下車,「很多同事立即衝出去操場,學生們很慌張,站在各樓層的走廊不斷向外大吼粗口,警察亦對學生做出中指手勢。」她卽刻呼叫學生返回班房,並要關上房門,有些男同事則和校長走出去門口,希望守住校門。幸好只是虛驚一場,警察只是處理其他事情。

他們也很怕,校園會失守。

不過，Nelson都聽過有同儕在班房叫學生「甲由」，「有藍絲老師會對學生單單打打，試過上堂揶揄『你遊行唔係好精神嫁咩？唔洗做功課啊？』」撕裂蔓延校園時，校長亦會提醒老師不應該說出「甲由」或「黑警死全家」的言辭。在家長和教育局的壓力下，後來校長亦要叫停唱歌，禁止校內民主牆使用涉嫌港獨等字詞。

對於學生被捕，校長秉持的是「如果犯法就要承擔後果，無理由教學生逃避責任。」但還是會為校內師生提供情緒支援。

承擔和責任，或者就是這場運動民眾最想尋找得到的事物。

教師的覺醒

Bonnie教了20年書，Nelson亦有10多年資歷，二人的政治立場親近傳統泛民主派，難以接受激進行為。誠然，教師職業高薪穩定，更是學生的模範，家長的寄望，誰又樂見動盪？

2003年七一遊行，Bonnie和家人一起上街反對23條立法，最終50萬人的聲音成功拉倒法案。經驗告訴她，只要大家齊心，便可迫使政府聆聽民意。怎料，2019年6月9日103萬人反送中大遊行，港府依舊不動如山，強行6月12日如期二讀《逃犯條例》修訂草案。甚至後來6月16日再一次200萬人大遊行，政府仍然漠視群眾對五大訴求的呼喚，變相縱容警方暴力鎮壓示威。

　　「以前的政權沒有那麼邪惡，但今時今日，和理非已經行到盡，原來100萬人、200萬人行出來都沒用。」政府的強硬態度驅使她反思：「我從未有過虧欠感覺，但一路走下去，看到10多歲學生亦要衝前線，開始覺得自己欠了這一代人。」

　　7月1日，示威者由下午開始衝擊立法會，推著垃圾回收鐵籠車，來回撞向立法會大樓的落地玻璃。

　　「每撞一下，都好似撞入我個心。」

　　「作為老師，我當然不希望自己的學生做出這些事，但現實看見政府的作為，就知道很難避免這一天的來臨。」

　　當日晚上，香港立法會歷史性被佔領三小時，示威者塗黑區徽，控訴議會無法反映民意，並噴上「林鄭下台」、「釋放義士」等口號；場內不少設施被破壞，但仍見「保護圖書，不可破壞」的手寫告示。Nelson覺得「雖然入面有很多破壞，但都是有message的，not violent for violence（非為暴而暴）。」

　　看見摘下面罩的梁繼平，在立法會內宣讀抗爭宣言，也令他更明白年輕人的想法。「當梁繼平衝入立法會會議廳，摘下面罩宣讀《香港人抗爭宣言》，一個畢業於香港大學政治學與法學雙學位，又赴美國華盛頓大學就讀碩士及博士的尖子，也甘願被捕為民發聲，向社會表達衝擊目的及背後訴求，這是整個香港的覺醒。」

　　因此，踏出校園後，二人都希望做多一步。

　　Nelson不時會運送物資到集會現場，11月得知舊生被困理大，更在學校潸然淚下。他隨後駕車到紅磡地鐵站一帶，希

望找到一條可以離開校園的路線，卻發現每個出入口已牢牢被警員封死。「隨著被困日子愈久，舊生的情緒開始崩潰，有日我在學校當值，一邊看直播一邊擔心他，後來聽見他說嘗試逃生路線，我立即開車趕去接應，幸好有家長車比我早到，把他接走。」

Bonnie也有類似的經歷，其退休丈夫是中大舊生，中大保衛戰時，一個大男人竟然抽泣說：「自己的大學被人打，真的看不下去……」她說結婚多年從未見過丈夫哭，還要那樣傷心，後來她收到學生在WhatsApp群組呼喊物資，她也忍不住聲淚俱下，真的很怕學生會出甚麼事。

那夜，他們夫妻二人，買好杯麵、水等物資，便駕車前往中大去，「預咗車會被打爛、人會被拘捕、第一次食催淚彈。」心痛中大校園被彈藥摧毀的人不止他們，結果他們徹夜只能在大埔道塞車，把物資一個又一個轉遞上前。那紅色車頭燈環繞中大校園的印記，卻印證了香港人在黑夜中並不孤單。

不該的教育

來到後反送中時期，教育界被整肅，教育局將部分前線教師形容為「害群之馬」，明言絕不容讓他們影響學生成長，至少將四名教師釘牌。根據教育局2021年5月向立法會教育事務委員會提交的文件顯示，自2019年6月中至2020年12月底，教育局共接獲269宗與「社會動亂」相關的教師專業失德投訴，目前已完成調查259宗個案，其中99宗不成立，即逾六成投訴成立。

按教育局跟進行動的嚴重程度排列，分爲釘牌、譴責、警告和勸喻，有教師在社交媒體上載詛咒的訊息遭到譴責，也有教師與學生拍照時做出帶有政治訊息的手勢遭警告。文件指出，將「人說成是動物」會遭譴責或警告，更提出教師不應使用反政府的歌曲作爲教材，即使只是學生播放都「不應凡事跟隨學生的選擇」。

對於教育局連番針對教師言行的政治打壓，Nelson認爲當局無非想散播白色恐怖。他坦言以前當班主任，不時跟學生一起看新聞直播，討論時事焦點，但新學年後已不敢再播，「當學生講起政治議題，我會拋問題出來鼓勵他們討論和思考，但不會表明個人立場，都要保護自己。」

Bonnie任教的英文科時常融入國際議題，曾預備一份提及身分認同的文章，內容談及英國統治如何改變香港，但後來卻很掙扎教還是不教。她不禁慨嘆自己已失去言論自由，失去免於恐懼的自由。2021年的暑期後，她決定辭職，與丈夫一同離開香港。

過去兩年，政府多番強調不應將政治帶入校園，但這句話會不會就是最大的政治干預？

換來的是，教師避開敏感議題，不敢與學生討論社會事件，教育失去的又是甚麼？

註：本篇兩位受訪者均使用化名。

煙硝下的小人物

香港人加油到報仇
「被自殺」傳聞增社會情緒創傷

04.2020

無可疑，這三個字，在反送中運動觸動香港人的神經。

保安局向立法會財委會提交的文件顯示，2019年共有8,148宗屍體發現和713宗自殺案件，其中屍體發現個案更是過去3年新高，比2018年增加近300宗。若單以去年6月至12月計算，平均每月有672宗屍體發現及61人自殺。

周滿鏗攝

香港人由「加油」到「報仇」，口號愈來愈激烈，背後反映的，是抗爭者願意作出的準備和犧牲愈來愈大。遺體修復師伍桂麟認為：「如果不斷覺得有人枉死，不斷覺得有人被自殺，大家的情緒創傷和負擔會增大好多，有人能夠幫他們釋疑，其實對大眾都係一種幫助。」

梁凌杰之死　可敬又可畏

伍桂麟手中曾修復過不同遺體，包括反送中運動第一具

亡魂、在金鐘太古廣場墮樓的梁凌杰。他憶述：「梁凌杰過身後，之後6.16禮拜日見證200萬人上街，當時還猶豫會唔會畀人覺得攞威[1]？或者加劇整場運動的演變？因為我都會怕別人點睇的時候。」

他說，當時有很多人想協助，也有不同政治人物想參與，「大家的情緒好高漲，係要冷靜去看看死者和親人的需要，很快就覺得純粹遺體修復，可以令佢屋企人[2]更周全安排出殯儀式，也可令香港人參與得到。當時最重要是盡量做一啲嘢去多謝和尊重先人，令大家減少一部分的仇恨。」

梁凌杰之死，明顯是抗爭者之餘，也用他的死來發聲，控訴了港府漠視百萬民意，用武力鎮壓硬推《逃犯條例》。伍桂麟坦言，當時的感受既尊重又慨嘆，畢竟不希望運動中有人犧牲。處理過眾多遺體，當這個標誌人物放在自己面前時，他只有可敬和可畏，怕的是有人模仿梁凌杰的死，用同樣的方式宣洩自己的意見，事實上，之後的確發生了。

要修復的，不只是遺體，不只是死者家人的心靈，還有抗爭者，即使他們無法瞻仰遺容，但起碼知道犧牲的「義士」得到尊重的方式處理和離開。他說：「有人覺得梁凌杰是義士，梁凌杰犧牲了，就算今日不承認，將來的歷史都會有答案，而他將會是香港歷史的一部分。」

1　攞威：叨光拿好處。
2　屋企人：家人。

張凱傑攝

誤傳死者相片　仇恨不斷放大

以往主流的社會價值，爲了兩餐，爲了工作頻撲勞累，很少爲社會議題奮身投入，但由《逃犯條例》引發的一場逆權運動，扭轉社會主旋律，不只是年輕一代，中年人也不例外。生活離不開政治，跨代香港人前所未有投入社會運動，也巔覆傳統的生死價值。伍桂麟說，現在出現一種以前未遇過的生命威脅，不是說對方會殺死自己，而是目睹有一定程度的風險，警察使用的武力超越警例賦予的權力，對峙之間很容易發生意外，未必是生命受威脅，而是身體受傷的風險。

所謂的「勇武」，背後其實都有恐懼，這種恐懼不是膽怯，而是現實的確要冒生命危險下，爲社會追求一些價值，無論死亡、受傷或法律責任，都是一種代價，只是最終需不需要付上生命。當人們感到自己有生命威脅，又或見到已經有

人受傷，甚至死亡時，手足之間因而會產生情感連繫，「有些死亡，我們認為有可疑，但警察認為無可疑，如果我不出去，是否有少少對不起，過往一些犧牲者？」

張凱傑攝

　　由香港人「加油」、「抗爭」、到「報仇」，口號愈來愈激烈，抗爭者願意作出的犧牲和準備愈來愈大，意味承受的後果也變得更加大。「倖存者」的心態，往往增加了人們站出來的勇氣。但伍桂麟坦言並不鼓勵這個現象，因為運動過程也需要冷靜，當有人枉死或受到極嚴重傷害時，應以適合的途徑為他們討回公道。

　　他曾經處理一宗求助，涉及去年11月一名男子墮樓死亡，死狀被清晰拍攝得到，並在網上廣泛流傳，但就被曲解為另一宗有爭議浮屍案的死者母親。自己兒子被誤傳為別人的母親，令死者父母承受很大困擾。每當警方做法受質疑時，有關照片就會被拿出來，這名男子的死相至今仍然不斷被轉載。他認為有些無法求證的資訊，其實只會增加大家對運動的誤解，仇恨也會不斷被放大。若然目擊可疑命案，與其拍攝死者放上網公審，倒不如將資料轉給協助抗爭運動的律師團隊，可能反而會幫到整場運動。

不斷覺得「被自殺」　增大情緒創傷

　　運動的死亡數字並沒有停止下來，還出現愈來愈「被自

殺」的流言蜚語。當大家出現很多疑問，不懂得處理可疑命案的照片，也不知道如何成爲有力證據時，伍桂麟後來推出「逝去同行計劃」，有份幫助家屬面對突如其來的非自然死亡。「死者家屬會不會不懂處理？有沒有專業少少的意見支援家屬？可否用專業知識幫助大家判斷有沒有可疑呢？」

帶來的疏導往往並不只家屬，他說：「如果不斷覺得有人枉死，不斷覺得有人被自殺，大家的情緒創傷和負擔會增大好多，有人能夠幫他們釋疑，部分可能眞係無可疑的案例，又或有可疑的案例已經有人支援，我諗對於大眾都係一種幫助。」他認爲，整場運動不一定要走上前線，後面的支援同樣重要，但「無論是抗爭者與否，我們都應一視同仁去對待，讓家屬合理和公平地過渡突如其來的死亡。」

如果因爲抗爭運動而喪生，家屬承受的壓力一般來得嚴重，尤其父母與死者的政治立場完全不同，他們不只哀傷，更對社會運動有所怨恨。他說：「藍絲父母其實承受好嚴重的創傷，唔單止係嗰種價值觀的矛盾，導致今日的結果，甚至見到運動會有更大的仇恨。」

與家屬傾談時，疏導情緒之餘，也希望讓親人知道「整個情況是不是藍絲群體所見的？仔女離世是因爲運動還是體制的問題？」雖然未必可以卽時轉化對方的價值觀，但「當我們做緊他們眼中，覺得係暴力、收咗錢的黃絲時，原來係有人義務去幫你做呢啲嘢，細心同你去傾，角度就會不同了。」

鏡頭紀實

鏡頭紀實

《佔領立法會》
——內鬼與信念

11.2020

「當個個都鬧緊示威者的時候，示威者相信的是甚麼？」《佔領立法會》導演記得當日很多輿論說，衝擊立法會的人是內鬼，但他在現場感受很大，因為擁有那份激昂的人不會是內鬼，示威者敲問的是「仲可以做啲咩？」

由下午到晚上，撞擊一整天都未闖入立法會，當時他心裡有一絲想過：「示威者還要堅持下去？為乜呢？」或者那一刻，可不可以成功佔領立法會，對示威者來說已經不重要，而是他們要做一件覺得正確的事，而這件事從未成功過。

外圍的人、對他們下判斷的人，就是沒有看到這一部分。「我很想梳理他們的討論，你再去判斷。」「是否我們走得太慢？是否我們無理解他們的聲音？是否很快就掩蓋了他們的聲音？」——這就是《佔領立法會》，香港社運史重要一頁。

下判斷的人　無看到的部分

由香港紀錄片工作者製作的《佔領立法會》完整紀錄去年七月一日由早至晚，示威者由討論、行動、撤離到清場的珍貴歷史片段，群眾討論行動的爭辯、衝擊立法會時與議員的

周滿鏗攝

拉鋸，「尊貴的議員，麻煩你讓一讓」、「你教我可以怎樣做？」道出示威者當刻最無力的吶喊。在金馬獎前一日黃昏，記者跟有份參與製作的導演談過，他在紀錄片中沒有留下名字，接受訪問也不具名，因為還想繼續拍下去，或者就好似這場運動一樣，很多人也是寂寂無名。

七一之後，導演有很深感受。

當日由下午一時許開始，示威者嘗試撞入立法會，重覆的機械的不斷撞，一直撞到四五時，期間有人不斷喊話「不要啊」、「要以理服人」，但他們就是不理繼續撞。「做了幾個鐘，換了幾班人，以為撞破原來又入不到，將激動付諸行動，但行動變得漫長，其實很累人。」當時他心裡也會想：「仲要堅持下去？為乜呢？」

　　天黑後，還在撞，他們就是很執著：「要衝入去」。導演坦言，初時以為《逃犯條例》最終都會通過，因為以往菜園村等太多太多事件，即使遇到示威，還是敵不過制度暴力，大家只能盡力反對，但問題是：「盡到咩程度的力？有些代價是大家都不會想付出。」但當日他從示威者的眼神，看見的是堅持和決心，最終入不入到去，或者已經不要緊。

　　當日有很多輿論，甚至他的前輩朋友都說，打爆玻璃、入面又沒有警察，斷言有內鬼、有陰謀。但他在現場並不認同，因為擁有這種情緒的人不會是內鬼，他們控訴的是：「無嘢可以做，仲可以做啲咩？」

　　「當個個都鬧緊佢，佢相信的是甚麼？佢的意志是甚麼？」可不可以成功佔領立法會，或者對示威者來說已經不重要，而是他們要做一件覺得正確的事，而這件事過往從未成功過。外圍的人、下判斷的人，就是沒有看到這一部分。

　　撞與不撞，衝與不衝，內鬼與手足，日間到晚上，最終香港人在香港回歸中國大陸第22年的日子佔領立法會。那一刻，導演說：「我·好·嬲¹·激·動。」

　　七一之後，他最想做的第一件事，是梳理示威者之間的討論，簡單地敘事、時序和脈絡：如何促成佔領立法會。

1　嬲：靠北

是否我們走得太慢？

回想起來，導演自言，原來2014年的自己很「和理非」，當年雨傘運動，他也走到現場拍攝，最初有人佔據龍和道時，他會叫示威者回來。佔路的先行者，一個又一個被旁人勸退、拉走，最終龍和道上只剩下一人，那人說「就算淨番我一個人，都要霸住條路」。這是很少數、很微弱的聲音，但很堅持。

79日過後，最終運動還是滯留了。

「其實我很同情，是否我們走得太慢？是否我們沒有理解他們的聲音？是否很快就掩蓋了他們的聲音呢？」

周滿鏗攝

鏡頭紀實

《理大圍城》
——卸下浪漫化　前線的信念瓦解

11.2020

　　《佔領立法會》入圍台灣金馬獎，但導演更在意《理大圍城》，因爲「理大說的深很多，運動當中經歷的情緒掙扎、信念瓦解，這種痛，我們應該要去理解。」

　　人們很多時只看一場運動的結果，但當中必然存在很多爭拗、對立、內部矛盾，這些對立是否不應該被訴說？導演說《理大圍城》只有一個很窄的視覺，就是聚焦前線的討論和掙扎，一步一步理解他們爲何會這樣。「我們要去了解前線，必先了解他們沒有浪漫化、沒有勇武化的一面。」

　　蒙面之後，其實他們每一個都是獨立個體，有不同選擇、掙扎和代價。

張凱傑攝

分歧演化情緒　兄弟爬山變成傷害

　　理大圍城，對香港人造成很大創傷，城內、城外的人也很痛。導演說，無人想過會演變圍城，更沒想過長達13日的圍城，但香港人未必理解理大內發生何事、人們的情緒變化。一場運動很多時只看結果，但當中必然有很多爭拗、對立、內部矛盾，這些對立是否不應該被訴說呢？

　　「我很想拍他們爭拗的過程，就算他們有不同意見，但他們都是很真誠地表達自己。當每一個人都很真誠地表達自己想法，很常又會出現爭執，我在現場成日聽到，爭拗如何推進整個運動的走向？這是一股很大的能量。」分歧會演化成很多情緒，兄弟爬山變成不同去路和傷害。「現在我們就在關口，要繼續走下去，是不是要想想有何拌著？創傷如何造成？」他希望盡力梳理出來。

　　《理大圍城》只有一個很窄的視覺，聚焦很前線的人，被圍困下的身體和心理狀況，「我們要去了解前線，必先了解他們沒有浪漫化、沒有勇武化的一面，真實的人是怎樣的年輕人？他們是誰？他們想甚麼？蒙面之後，如何還原每個獨立的個體？他們有不同選擇，也有不同掙扎，每個人都要為自己的選擇付上代價。」

精神創傷　我們是否忽略了

　　面對警察暴力和威嚇的龐大威脅下，人會有甚麼反應？當身邊的同伴有不同意見，會如何回應和選擇？入面的人年紀很

小，他們能否作出一個很理性的抉擇呢？《理大圍城》片中，校長入校園遭示威者圍罵質疑一幕，導演解釋不是針對校長，而是反映人們對警方的不信任，成年人和年輕人之間也有一個很大的鴻溝。當日那一幕，「我不敢望他們的眼，我諗我的情緒都唔掂[1]。」

有幾個中學生抱著一起哭，有人跟校長走、有人留下、有人不知所措：「他們走了，咁點算？我們是不是要走？」Z座大樓有兩位男生很惆悵地拜託導演，拍下前方的車牌，因為有位女生朋友，捱不了圍城內的生活，自己一人衝了出去，兩位男生不敢陪她，看著她在草叢爬出去，再被警察發現帶上車。他們很擔心「會不會被人強姦？會不會被人打？很多很多的想像⋯⋯」三人年紀很小，看起來只有中三、中四，當刻導演也不懂可以做甚麼？

這兩幕太揪心，他沒有放進片中。

後來校園變成一片廢墟，剩下的人們躲了起來，也變得很脆弱，一句說話便可觸動他們的神經。「之後個幾日，我係好唔掂，我拍唔到嘢。好多記者走咗，人又唔多，我嘅情緒先出嚟⋯⋯其實已經無嘢拍，但我想留多幾日。」

張凱傑攝

1　唔掂：應付不了。

我問：「想陪伴他們？」

他說：「可能是。」

「你走到很前、擲汽油彈，你都可以很脆弱。」信念瓦解，是一個受傷。那種傷害，並非指被捕，而是「如何回到正常的生活？是否可以好好、自由的生活？心理、精神上的創傷，我們是否忽略了？」

最痛的　現實已經歷了

《理大圍城》放映之後，出現兩類觀眾，當日在圍城外的人，看完之後反應很大，很痛、很無力、很內疚，哭得很厲害：「我們可以做啲咩？點解會導致呢個場面？」另一類是圍城內的人，有一位穿校服的中學生說，一年來都不敢看有關理大的直播、新聞、回顧，猶豫很久究竟看不看《理大圍城》，看完之後發現，原來沒有想像中「咁驚」[2]、「咁頂唔順」[3]，因為最痛的，已經在現實經歷了，現在要做的都是很實際的事，如法律上的程序，又或與家人的相處，讓人變得現實。

去留的討論，內心的掙扎，導演希望「一步一步讓我們理解他們為何會咁」，片中沒有交代圍城的背景，也沒有連貫整場運動的脈落，因為「現在又好，幾年後又好，我都係想畀香港人睇。」香港人，有經歷過的就會明白。

2　咁驚：這麼害怕。

3　咁頂唔順：這麼應付不了。

鏡頭紀實
《時代革命》
——觸手可及的痛

07.2021

「你拍咩呀?」就在周冠威開拍第一日,有位前線示威者向他怒吼。周冠威頓時被嚇倒,手震震聲顫顫地說了一句:「我是《十年》導演。」二人呆望凝著,直至示威者破口說:「我睇過《十年》喎!繼·續·拍。」原來《十年》在不少示威者心中,留下位置。

很多人說,周冠威因為《十年》失去很多,但今天得到的卻是,他跟前線示威者的信任橋樑。有受訪者告訴他:「好多嘢我講唔到畀個世界聽,但我希望通過你嘅鏡頭幫我紀錄。」他就好似揹著一袋袋示威者的心聲,將他們經歷的苦難,透過鏡頭告訴全世界。

回想《十年》時,他曾跟攝影師爭論,應不應該拍攝防暴警用警棍扑示威者的頭,但2019年的香港,這些虛構的場面卻真實地充斥新聞直播當中,周冠威難以釋懷的是,「《十年》完全靠想像,同你真正落場係事實,係真實發生,情感大很多、難堪很多。」

《時代革命》是觸手可及的痛。

我有一個夢

　　如果《時代革命》要出一個名的話，曾經有一位完全無參與製作的人，表明願意冒上一切風險，擔當代理人，好讓周冠威繼續拍攝，繼續創作，繼續當上享負盛名的《幻愛》導演。周冠威聽到後，很不安、很惶恐。當晚，他發了一場夢，夢見小學老師讚他有責任感，對於一個從小感到自卑的人，那次老師的讚賞，卻是他人生有自信心的開始。夢中，周圍都有警察調查，但他卻感到很安然，繼續和老師交談。夢醒後，他決定為自己的作品開名。

　　後來，他再收到銅鑼灣書店失蹤事件，主角之一林榮基寫上「我盡我本分」的書籤，接二連三冥冥中的啟示，更肯定了他的決定。對他來說，那份恐懼並不是周遭環境造成的外在壓力，而是自己本身並沒有負責任，當負上責任，心裡就會平安。他淡然但明確地指出：「出自己的名是責任，我怎能逃避？」

遠比《十年》的痛

　　就在開拍第一日，周冠威遇到一位前線抗爭者喝斥：「你拍咩呀？」他頓時被嚇倒，手震震聲顫顫地說了一句：「我是《十年》導演。」二人呆望凝著，直至抗爭者破口說：「我睇過《十年》喎！繼‧續‧拍。」原來《十年》在不少抗爭者心中，留下位置。很多人說，周冠威因為《十年》失去很多，他執導的《自焚者》一章更說過，香港人失去最多的是信任，但這位「預言家」卻因為這套片得到前線抗爭者的信任。失去和

得到，其實是相對。

周冠威很記得拍攝《十年》的時候，曾跟攝影師爭論過一個鏡頭——是否有需要拍攝防暴警察用警棍扑示威者的頭？警察是否真的會如此離譜？短短幾年後，2019年的香港，這些虛構的場面卻真實地充斥新聞直播當中，走入茶餐廳的電視、打開手機的畫面，隨處可見，最恐怖的是變成「生活日常」。他記得那一日在金鐘，一大班警察突然從一個秘密通道跑出來，突襲示威者，「好多人在我面前，被追、被打、被壓、被一棍一棍扑落去。有個人剛剛跟我擦過膊頭，就被警察扑下去，這些……我都伸手可及。好近、好難接受。」

「很混亂、很無助，我唔知拍乜。」他一邊描述當時的情景，我和同事不斷地點頭，我們知道，我們明白，我們很有畫面，因為我們都歷歷在目。《十年》是想像的，《時代革命》是真實的，是觸手可及的痛。「好多嘢我講唔到畀個世界聽，我只可通過你嘅鏡頭講。」這是其中一位受訪者，願意受訪的唯一盼望。

美麗新世界

這一兩年，很多很重要、很有歷史價值的紀實作品，都變得朦朧。表情、大頭、眼神，往往能盛載超越說話的訊息，以前講求的視覺美學，在「美麗新世界」下，不再適用。創作自由被摧毀，並不只當局禁止放映、收緊電檢指引，而是整個社會環境令到每個創作都有更多重的考量。

　　剪輯階段時，周冠威曾經將作品給朋友觀看，在馬賽克下，未必可以很深入刻畫每個角色的神態特點，友人亦認不出片中受訪者，但友人卻很豁然地說不要緊，他不會因為看不清那個人，而不明白、感受不到，因為大家都有共同的經歷。

　　大概就是，今日香港的紀實作品，朦朧的受訪者只是一個載體，作品和觀眾卻是一個共同體。周冠威補充說：「朦朧的影像，還有一個危險的意識，提醒觀眾正在觀看極度敏感的內容。」

　　也正好解釋了《十年》、《理大圍城》等，在爭議中摘獎，因作品本身具備的時代意義，往往加了很多分。

習慣失去

　　由《十年》到《時代革命》，很多人問過周冠威，怕不怕

乜乜乜？這個部分，我沒有抄下太多內容，只寫了一句「我習慣失去資金」，多年來有人來、有人走，所以他處之泰然。沒有給中國大陸封殺？沒有影響嗎？一定有。但誰料到《十年》後，有叫好叫座的《幻愛》，誰又知《時代革命》後會如何？所以他說：「我自由地決定點走。」

今天，外界一遍擔心時，他卻淡然地說：「我在風眼中，最平靜。」

最後的信仰

訪問最後，我問了一些「煽情」問題，談及他的家人。周冠威有一個六歲兒子和一歲女兒，在反修例運動的遊行集會，他帶過兒子一同上街，兒子亦見過警察打人，父子間曾經有過這番對話：

爸爸問：「如果我拍一套紀錄片，有機會被人警察拉的話，你覺得爸爸還應不應該拍？」
兒子答：「政府看了爸爸的紀錄片，會變回一個好政府。」
爸爸問：「香港變得愈來愈差，不如我們到另一個地方生活？」
兒子答：「唔好啦，爸爸，我們一齊留在香港，將香港變回美麗的香港。」

周冠威說，在現實當中可能會覺得很可笑，但我們相信的或許不是政府，而是公義最終的降臨。他在兒子身上看見盼

望，「不是因為我們看見美好，而是我們看到好大的絕望，甚至沒有出現任何好的徵兆，但我們依然盼望。這才是盼望，未出現的。」

就好似二千年前，主耶穌做了榜樣，跟受苦者同行，「我是追隨基督的人，我希望留在香港，香港這刻有好多人受苦，我要走去邊？我是追隨基督的人，這裡最需要我們，我就留在這裡裡……萬一我真的遇到任何苦難或不測，我會手執《聖經》所寫的一切去面對，」

「好多人勸我離開，但這些叮囑令我很大反思，我想為我的家人、我的仔女做個榜樣。我追求的，不是幸福，我追求的是公義。」

後記：

《時代革命》榮獲第58屆台灣金馬獎最佳紀錄片，導演周冠威希望這部作品是屬於每一個有良知、有公義、為香港流過眼淚的香港人。他提起，曾經和一位16歲勇武中學生被困理大幾日，當男生回到中學時，男生的身分已經被人知道，男生很害怕、很戰戰兢兢走入班房，每一個同學和老師都與男生擁抱，整個班房都是眼淚和哭泣聲。

周冠威說：「製作過程哭了很多次，都是靠電影安慰自己，宣洩自己的憤怒，去面對我的恐懼與創傷，仍然留在香港、流亡的、監獄的，縱使你們未有機會看到，我希望電影的存在可給你們一份安慰和擁抱。」

《少年》
——挽救生命的俠義故事

10.2021

　　兩年前，太古廣場黃雨衣身影、屋邨後樓梯紅字遺書⋯⋯一個又一個生命殞落，對香港心灰意冷，令無數香港人痛心疾首。反送中運動爆發初期，曾出現自殺潮，但有一班人自發組成「民間搜救隊」，嘗試尋找企圖自殺的人，挽救一個個生命。這個故事被拍成電影《少年》，搜救隊堅信「縱使徒勞無功，決不無疾而終。」

　　「當大家談起運動時，大部分時間都是談矛盾、分歧、撕裂，民間搜救隊正正不同，他們在互不相識的情況下，去救另一個不認識的人，我覺得很俠義。後期已經無人記得這班人存在過，我覺得有責任去講這個故事。」導演任俠說道。

　　另一位導演林森曾參與「搜救行動」，他記得當日在金鐘一邊行，一邊望著高樓大廈，當刻很無力、很迷惘，很多不清楚的狀態下，唯一仍想繼續的，是希望對方平安，可以跟自己一起行下去。「一場社運有很多不同立場和矛盾出現，但無論如何，對於人、對於生命，都應是最基本的價值。」

俠義精神受觸動　回歸基本生命價值

　　任俠名中有「俠」；林森名中有五個「木」。二人性格截然不同，任俠形容自己比較強硬，拍檔林森相對柔和，所以每當演員情緒不穩時，總會找林森安撫，甚至叫對方做「爸爸」；又好似任俠走到街頭時，會被以為是便衣警，嚇得人群四散。不過，二人同樣對於生命有份執著，由社運抗爭最熱熾之時，到公民社會大瓦解之際，花了兩年時間，堅持說一個挽救生命的故事，並低調入圍台灣金馬獎最佳新導演及剪輯。

　　「那時候，大家都想做啲嘢，乜都好，點都做啲嘢，我哋係拍電影嘅，就拍電影。」任俠記得，2019年6月中之後，正當反送中運動如燎原般爆發起來，社會卻出現自殺潮，很多互不相識的民眾自發組成「民間搜救隊」嘗試尋找企圖自殺的人，令他覺得很俠義，很受觸動。「都唔知去邊到搵[1]，都唔知搵到嗰個人係咪就係想自殺嗰個，但大家依然去搵。」

　　片中有位演員只有十七、十八歲，現實試過和朋友一起尋找企圖自殺的人，不知如何尋找，只知對方叫作「薯條姐姐」，於是他們走遍每個屋邨，一邊行一邊大叫「薯條姐姐」。「成日都話香港人利字當頭，但他們不是，你知道他們找一個人不會得到甚麼，你在屋邨大嗌[2]，分分鐘會被阿叔投訴、被人鬧，但他們都不顧面子，豁出去只為一個陌生人。」

1　邊到搵：哪裡找。
2　大嗌：大叫。

任俠說道：「當大家談起運動時，大部分時間都是談矛盾、分歧、撕裂，民間搜救隊正正不同，他們在互不相識的情況下，很俠義地去救一個不認識的人，這最打動我。」

　　當時，林森身邊都有朋友出現抑鬱，甚至自殺的念頭，其他朋友馬上組織起來尋找，由突然收到消息，在短時間內組織到一班人，再找出不開心的朋友，給予支持，這個過程讓他很大感受。後來網上傳出有人企圖自殺，他亦試過參與搜救，有次去到金鐘一個集合點，遇著不認識的彼此，不知從何入手，只能一邊行一邊望著高樓大廈，「其實很無力、很迷惘，很多不清楚的狀態，唯一讓你繼續想參與的，是希望對方平安，希望那個人可以和你一起行下去。」

　　他覺得一場社會運動必然會出現不同立場和矛盾，但回歸基本，人和生命始終都應該是最重要的價值。然而，很多人都聚焦在運動的衝擊場面，卻很少提及這個面向。

年輕演員情緒積壓　內心經歷「好想講畀人聽」

　　他們在2019年7月開始寫劇本，做過資料搜集，問過社工和情緒支援的組織，嘗試了解求助者的心理狀態，繼而再尋找演員，埋班開戲。任俠說，早已預料線上演員不會參演，因此一開始已打算起用素人、新演員，有些甚至從街上「執」回來。就像「星探」又或「騙案」般，他試過在街上跟著一個外表不錯的目標演員，但鑑於當時的社會氣氛，加上一副貌似警察的外表，他的舉動常常惹人懷疑。

　　有次他在「人鏈」現場，既想支持活動，又想看看有沒有合適人選，當時他見到一班學生，「我問同學們是不是這裡開始，他們即刻如紅海般散開，無一個人理我。我說我不是警察，我有很多紋身，但都無人理我。」當日來得唐突艦尬，今日回想引人發笑，但背後反映的，都是當時社會的繃緊氣氛。要取得對方信任，他說唯有厚著面皮告訴對方：「我們想做這件事。」留下個人資料，再讓對方考慮，就是如此的純粹和坦誠。

　　但說到底，其實都是講個「信」字。林森記得在選角過程，跟年輕人見面和傾計[3]時，觀察到他們普遍處於一種狀態——「有親歷其境的創傷、有情緒的積壓，好想去講，好想去講界人聽，他們見到的、他們經歷的事情。」

3　傾計：聊天。

周滿鏗攝

預告片中有一幕，有位男生激動地哭訴：「我們現在傷的傷，被人拉的拉，你還掛住[4]搵女手足，你無嘢啊[5]？」當日在拍攝現場，每一位看到這一幕無不流淚，因爲「演員將自己眞實的情緒放入去，震撼了我們」。林森和任俠，異口同聲都說被觸動。「有時演員會在演出時情緒崩潰，說著說著自己又加上一兩句對白『香港無㗎啦，唔會有㗎啦』[6]，對方明明很細個，只有十幾歲，應該是人生剛剛開始，但當刻卻說出相反的話。」

原來在拍攝的過程，也讓每一個人不斷探索，對於這場運動的理解。

遇警截查抄資料　遭挪揄「犯唔犯法係我話嘅[7]」

他們不是沒有經驗的導演，二人都拍過鮮浪潮獲獎作品，任俠執導過《紙皮婆婆》、林森拍過紀錄片《人在皇后》。不過，今次拍攝的難度更高更大，還遇到很多驚險的場景。2019年10月開拍時，正值修例風暴遍地開花愈演愈烈之時，導致一度要暫停拍攝。

任俠憶述，當時民眾對拍攝很敏感，「唔知你拍乜」不肯借出場地，特別是自殺題材就更加抗拒，公屋戲份會被保安查問，街上拍攝會被警察截查，抄下個人資料，受過各種侮辱，

4　掛住：牽掛。
5　你無嘢啊：你沒事吧？
6　香港沒救了，不會有救了。
7　話嘅：是我說的。

例如有警員向他們說「犯唔犯法唔係你話，係我話嘅」、「你識幾多法律都無用，我話嘅」，後來疫情來襲，鏡頭要避口罩，拍攝又要避限聚令。

但他們堅持一個原則，並沒有在真實社會事件的場景中，拍攝虛假的劇情電影。他們始終覺得：「那件事不是為我們拍電影而做，我們不可以利用那個事情，來滿足完成我們的創作，寧願我們再想方法呈現出來。」拍不到的鏡頭，就用劇場形式來表達。

現實就像片中搜救隊　不知結果

有人叫過他們放棄，又話他們的故事已落後於形勢，社會狀況變得太快。最現實是無錢又無其他戲開，當很多人猶疑還應不應該拍下去的時候，他不是沒有動搖過。有一晚，他打電話給林森，問會不會想繼續，對方一口就說「我都想拍下去」，又有個朋友叫陳力行，即是這齣片的編劇和監製，甚至表明「有些私己錢，可以拿錢出來」。義無反顧的朋友，都是他繼續拍下去的理由和動力。

他覺得，總有很多理由可以放棄，但堅持的就只有一個：「後期已經無人記得這班人存在過，我們覺得有責任去講這個故事。」

就像劇組裡的「爸爸」、經常處理演員情緒的林森認為，不同人在創作過程一定會有情緒起伏，這兩年時間，「大家一齊面對緊社會很劇烈的轉變，逼著我們面對很多困難，無論是

團隊的人、各參與的朋友，都有想放棄、想退出的時候，離離合合的狀態，最難的是如何保持信念繼續去做。」

他坦言：「其實我們的狀態，就好像片中一班搜救隊，都不知道結果，找不找到對方，救不救到對方？演員沒有很多酬勞，有人甚至無償付出，金馬獎之前，我們一直不知道套片未來的動向。如果我們團隊無足夠的信任，會產生很大的懷疑。」

任俠覺得最難能可貴的，是堅持留到最後的演員，「他們沒有包袱，沒有太多理由解釋爲何要放棄。他們有一股義無反顧的志氣，我可以很大膽說一句，現在很多演員都比不上他們。」所以金馬獎公布入圍名單後，得知失落最佳新演員，令他們感到可惜，畢竟彼此一同經歷太多。

上映無期　願與先行者周冠威同行

預告片最後寫有「香港不能公映」，是對香港的創作自由留下最大的敲問和控訴。任俠說，拍的時候未有國安法，但都有預料主流院商不會發行，之後出現國安法，情況就更加嚴苛，再加上電檢修例，「通常做一齣戲，就是等上畫，在戲院公映，現在好似做緊一個無終點的事。」不過，他覺得「拍電影不是爲滿足審查，出發點不是這樣，不會說你現在很嚴厲，我們就不拍了，這並不是我們做創作的態度。」

本是香港人經歷的故事，今天卻讓創作者說得困難，觀眾看得艱難。二人都有考慮過《少年》面世後，會面對的問

題，甚至被狙擊的「風險」。但林森坦言，可能是作品賦予了自己力量，覺得要去堅持說這個故事、拍這齣電影是「應做的事」。他再想了想，始終覺得「其實我們都只不過拍電影，為何要很快地自己設限給自己？無論是現實或心裡的限制，其實都不需要，如果你相信你是拍電影，那就照直覺而行。」

任俠想起同行路上還有一個人：「我們有個先行者叫周冠威，大家都是拍電影，我們就是同路人，我覺得行內好似有很多人看著他幾時死、幾時出事，現在無事，遲早都有事，我覺得好奇怪，好似大家買緊六合彩，賭一個人有沒有事。你們繼續睇，我和他一齊行，我選擇一齊行，我不想他孤獨地行，這是我的態度、我仰望他、我想追隨他。」

一個導演的專業和工作就是拍電影，在他眼中拍下《少年》其實沒有甚麼大不了，就像周冠威拍下《時代革命》一樣，看得平常淡然，有時令他敲問的：「會不會不是周冠威勇敢，而是其他人太膽少？其他同業者，如果可以好似『人鏈』咁拉出來，周冠威是否不會咁孤獨？不會咁特立獨行呢？」

《12點前我要返屋企》
——歇斯底里後的孤寂

11.2021

「有人躲在假天花上，聽到軍靴聲經過，我不知道是真實還是幻覺，但他們長期處於這種驚恐狀態。也有人抱著去死的心態，只要警方攻入校園，他們已經準備好殊途同歸，

這樣極端的狀態足足維持著24小時。我一邊聽一邊手震，我無懷疑過他們講述的經歷，只覺得太驚訝，驚訝到不忍心拍出來。」

張凱傑攝

當日是攝影記者的楊建邦，以前年理大圍城為背景，執導《12點前我要返屋企》實驗短片，在今年鮮浪潮影展上映。楊建邦認為，紀錄片看到衝突最激昂的一面，但其實去到圍城第三、四日時，入面的人已經發洩完傷心和憤怒，歇斯底里過後，剩下的是甚麼？「我想表達這種狀態、這種孤寂、被圍困下無人幫的畫面。未必指向理大，而是今日社會，大家普遍都有一種被政權圍困的狀態。」

走，不走？

　　劇本最初的想法，是由理大校園的「抗爭飯堂」開始。「因為當時在飯堂，大家進食時會傾偈，談起食物好不好味、他們本身是甚麼人、在入面做了甚麼，可能當時我是攝影記者，很想發掘一些故事……」楊建邦回想起來。

　　故事原本有一幕，講述一班人在理大飯堂討論走還是不走，希望呼應當下香港，很多人討論離不離開、移不移民的社會氣氛，最終「有人選擇走，有人覺得做咗咁多嘢，點解要走？離開的，都是背叛我們。」但這一幕拍不成，不是找不到方法在理大拍攝，而是這些場景和對白都急不來，無得催趕、無得快拍，需要時間醞釀。後來，他想起圍城後期，杯盤狼藉的畫面，其實跟廢墟很相似，於是改到廢墟拍攝，再模擬幕幕被圍困的場景。

　　《12點前我要返屋企》片長半小時，有兩個故事，其中被困房內的男生，對著電話說話，之後又聽回自己的聲音，顯得不知所措，精神狀態不太穩定，後來一名女生意外闖入房間，談及被困之後掛念和想做的事。另一個故事，講述兩名女生為著走和不走的問題上爭拗，二人最終決定爬水渠出去。他形容作品有實驗性質，不是一個講求起承轉合、劇力萬鈞的故事，純粹想呈現一個狀態，「那種狀態不單止指向理大，而是整個社會環境，大家普遍都有一種被政權圍困的狀態。」

虛構的情節　真實的經歷

　　劇情是虛構的，但角色的身分和場景的設置，卻有眞實的根據。他在理大內，見過一對父子一同被困校園，兒子在茶餐廳做過，於是在理大飯堂沖茶給大家喝，跟當時高壓和緊張的大環境，相映成趣。他又聽過，有人躲在假天花內，在狹小的空間，驚慌地藏起自己的手手腳腳，更聽到有軍靴聲經過，走入他們身處的房間，「他們很惶恐，長期處於這種狀態，已經不知道那個靴聲是眞實還是幻覺。」

　　他沒有懷疑被困者所講述的經歷，只覺一切來得太震驚，尤其是生生死死的故事、抱著同歸於盡的心態，令他一邊聽一邊手震，覺得不應該寫出來、不忍心拍出來，不想大家看完電影後，會淚流滿臉。他覺得，新聞和紀錄片已經說了最激動、最激昂的情節，但圍城去到第三、四日時，入面的人其實已經發洩完傷心和憤怒，他想表達歇斯底里過後，人與人如何相處和自處，剩下的一種狀態。

　　例如有一場戲，講述突然停電，女生坐下來，拿出手機錄音，說平時在家中要開燈才能入睡，但這裡無電卻無所謂，平時要有聲才能睡得著，這裡無聲又好像無所謂……她說了很多日常生活瑣事，試過因爲趕功課，最多三四日無洗臉，但現在已經很多日無沖涼、無洗臉，最後又說了一句「好想返屋企」，之後拿出粉盒補妝。這幕想說的，是被圍困下無人幫助的孤寂。

　　片中又有一幕，兩姊妹準備離開校園，大家姐在儲物櫃找

張凱傑攝

到兩件黑色風褸，細妹說不喜歡著黑色。「在極端情況下，如何保持意志又好、喜好又好、很細微的事，可能對於整場運動完全沒有作用，但我就是想寫⋯⋯某程度上保持少少個人意志、喜好，尤其在當前的社會，可能都是重要的。」楊建邦說道。

因為他記得當日在理大內，見過有人換上很漂亮的衣服「走佬」，跟慌亂的場景來得格格不入。

我們對抗爭者的想像是Black bloc，但那時很有趣，你會見到有個女仔著得好靚，好似文青女神咁，你會見到他們的喜好是甚麼。又有啲男仔著得好Hea，可能他們本身性格係咁，突然間好似見返有個人喺度，那種落差係好大。又或者，他們本身就是一個咁樣嘅人。

導演和演員的自我療癒

2020年8月開始寫劇本，同年11月開拍，直至今年1月拍

完，眞正開機拍攝只有五日，但已花費26萬至27萬元。如果故事內容是孤寂和抽象，拍攝過程卻來得劇力萬鈞。試過有一次，他們走入一個廢墟拍攝時，有人報警，嚇得他們馬上離開，之後有警車駛至，更入內搜查，那個場地當時正模仿理大內的場景，遍地膠墊[1]和食物，或者警方以爲只是露宿者，並沒有徹底搜查每個地方，最終也沒有採取甚麼行動，及後他們要再一次走入廢墟，運走其他模擬當時場景的道具，那時那刻出現那些物品，很易惹人誤會、借題發揮，只不過拍戲，都來得驚險。

揀選角色方面，他們最初在社交平台公開招募演員，但無提及劇情內容，面試時才解釋，不少人聽到後卻步，部分演員有公司合約，不敢接拍，十個當中有三四個退出。然而，在面試過程中，很多人分享了對事件的看法、當時做了甚麼，很多人都說當時不在理大入面，但有朋友被圍困在內，也有人當時在內地工作，被當地部門捉走幾日扣查問話。

有一場試戲，要演繹送走同伴後，一個人回到房間，看著電視直播校園出面的情況，結果很多人喊，好像是一種釋放，整個面試就像一場心理治療。「很普通的問題，都會無啦啦喊，或者未必是理大一件事，而是整場運動帶來的傷害，他們覺得自己所做的，只不過都是正確的事，亦有人會覺得爲何我們團結不了？」

對於導演本身，其實在理大圍城解封後，他都不想翻看有關的片段，「因爲件事太震驚，尤其是校長入來之後，大家都

1　膠墊：護墊。

癲了，有人覺得爲何讓校長入來，又有人覺得爲何校長現在先來，出現很多分離，有人離開，有人不離開，有人攬著說不要走，有很多情緒，不太想看，不懂得處理。」

「最大的創傷是，點解一個人要經歷呢啲嘢，點解要經歷這些悲慘和痛苦？」他說，有時在不同場合碰見其他導演，對方都會提醒不要一個人去剪片，最好有人陪伴，因爲很多人都說，一路剪會一路喊，一個人剪會頂唔順。有時碰見其他記者行家時，對方都不是問理大入面發生何事，而是問「你點啊」，他覺得理大一役對所有人留下影響，每個角色的參與度都很高，不單止是抗爭者，記者、紀錄片工作者等，大家都好似參與了一場大事，而其他場景卻體驗不到。

「將自己不敢面對的經歷，用劇情故事寫出來，其實都是一種自我療癒。」今年6月《12點前我要返屋企》在戲院公映過幾場，他引述有觀眾分享，由第一個鏡頭開始，整個人已經抖震，又有人說已經很久無聽到兩年前的事，當社會無人說的時候，突然看到相關的畫面，覺得很感動，而這些觀眾大部分

劇照

都很年輕。

「不知是因為作品，還是時間長了，社會無甚麼人講，創傷也好，感覺也好，也開始淡了，但我覺得可能都是一件好事，始終個傷害很大，係咁記著會很辛苦，有時淡了可能未必是一件壞事。」楊建邦說道。

「電影是自由的表達工具」

不過，今年鮮浪潮還有一個小風波，同系列的電影《執屋》被電檢處要求改名及刪減14處內容，最終因為未有改動，而無法通過電檢。那時候，楊建邦和其他導演發起聯署，表明人生而擁有表達的權利，絕不會因審批條件收緊而噤聲，電影是自由的表達工具，定必繼續以此媒介表達心中所思所想，敦促電檢處勿抹殺影片的放映機會。

「我們這個年代，拍戲得呢班人，如果你不支持佢哋，最後可能只剩低自己做，咁就沒有意思了。」

兩年過後，他以為會有很多跟2019年社會運動相關的作品出現，怎料卻沒有想像中的多，「隱晦都可以的，但如果連隱晦都沒有，我會問『點解呢？』。」然而，他說現在出現很多私人放映，從中發現很多新作品、很蓬勃，「當然這個現象一定不是好事，但是無計，或者是一個時間，讓大家思考要做甚麼電影、電影應如何運作、是否一定要走入戲院、觀眾是甚麼身分？透過小型聚會，反而大家可以討論，會有更多想法。」

走過的回憶

2019.08.02

2019.06.16

我們　是暴徒

2019.06.23

Justice Drive

正 義 道

獨立調查
警察鎮壓
向和平集會施放催淚彈可恥

賣港賊

相信青
相信人民
香港人同行

警察冷靜請勿開槍

KEEP CALM

DON'T SHOOT

企硬立場
追究警暴
thestandnews.com

全面撤回
送中惡法
NO EXTRADITION TO CHINA

獨立調查
警察鎮壓
向和平集會施放催淚彈可恥

2019.07.01

2019.07.06

2019.07.06

2019.07.14

2019.07.21

人群正在散去
請勿阻塞通
DO NOT Block Any Ro
While The Public Is Evac

2019.07.28

2019.08.03

2019.08.18

2019.08.25

2019.08.12

2019.08.24

香港加油

2019.08.31

銅鑼灣站 Causeway Bay Station　2019.10.01

不准進入
No entry

2019.10.06

2019.10.27

2019.10.31

國家圖書館出版品預行編目資料

殤城後遺／張凱傑著. --初版.--臺中市：白象文
化事業有限公司，2022.7
　　面；　公分
ISBN 978-626-7151-25-9（平裝）
1.CST: 社會運動 2.CST: 政治運動 3.CST: 香港特
別行政區
541.45　　　　　　　　　　111007752

殤城後遺

作　　者　張凱傑
校　　對　張凱傑
攝　　影　張凱傑、周滿鏗、黃思銘
發 行 人　張輝潭
出版發行　白象文化事業有限公司
　　　　　412台中市大里區科技路1號8樓之2（台中軟體園區）
　　　　　出版專線：（04）2496-5995　　傳眞：（04）2496-9901
　　　　　401台中市東區和平街228巷44號（經銷部）
　　　　　購書專線：（04）2220-8589　　傳眞：（04）2220-8505
專案主編　陳婷婷
出版編印　林榮威、陳逸儒、黃麗穎、水邊、陳婷婷、李婕
設計創意　張禮南、何佳誼
經紀企劃　張輝潭、徐錦淳、廖書湘
經銷推廣　李莉吟、莊博亞、劉育姍、林政泓
行銷宣傳　黃姿虹、沈若瑜
營運管理　林金郎、曾千熏
印　　刷　基盛印刷工場
初版一刷　2022年7月
定　　價　台幣480元（港幣120元）